부자들은 지금 **초소형 부동산**을 산다

부자들은 지금 초소형 부동산을 산다

김순환·이정선 지음

한스미디어

프롤로그

앞으로 10년,
해답은 초소형 부동산이다

부동산의 시작은 문명이다. 문명은 잉여 생산물과 배타적 공동체를 낳았고, 사유재산제를 발전시켰다. 문명은 작은 공동체에서 시작해 도시로 발전했다. 도시는 끊임없이 진화했다. 고지대 도시는 먹을 물이 먼저 필요했고, 저지대 도시는 물(홍수)이 위험해 대책을 마련해야 했다.

문명이 발달할수록 활용 가능한 토지가 부족한 도시는 하늘로 치솟았고 바다를 매립해나갔다. 언덕 위에 세운 도시 로마(이탈리아)는 상수도가 먼저 필요했고, 평지(저지대)에 세운 도시 파리(프랑스)는 물 관리가 우선이었다.

도시가 확장되기 전 가용 용지 확보가 어려운 상황에서 이민자들이 몰려든 뉴욕(미국)은 빌딩(엘리베이터)을 지을 수밖에 없었고, 이촌향도로 밀려드는 인구를 감당하려는 서울은 세계 유례없는 아파트를 최고의 주거 상품으로 만들었다.

입지 조건이 도시를 결정했고, 도시의 성장과 미래를 위해 도시 계획이 필요했다. 국가는 망해도 세계의 도시는 그렇게 성장의 길을 갔다. 물론 흔적도 없이 사라지는 도시도 있었지만 거의 대부분 도시는 문명이 발전할수록 커져갔다.

모든 도시는 확장할수록 성장통을 겪는다. 가장 큰 것이 주택 문제다. 주택은 수요와 공급이 어긋나는 대표적인 분야라 세계 어느 나라든 크고 작은 주택 문제를 안고 있다. 메트로폴리탄 뉴욕과 도쿄, 베이징, 파리, 런던 등 모두 '주거 문제'가 화두다. 역설적이지만 가파른 성장이 이어지는 도시일수록 주거가 불안정하다. 부동산 시장이 열리고, 재테크가 시작되는 것이다.

부동산 재테크는 누구에게나 기회를 준다. 언제든지 틈새시장이 열려 있고, 부자가 되는 길에 들어설 수 있다. 모난 것 같지만 평평한 시장이 형성되기 때문이다. 그래서 성장하는 나라와 도시에서 부동산 재테크는 부자로 가는 기회를 잡게 한다. 사기詐欺를 당하지 않은 한 현상, 그 이상을 유지할 수 있기 때문이다.

한국인의 재테크에서 부동산은 절대적이다. 부동산 없는 재테크는 사상누각砂上樓閣이다. 부동산 재테크는 현재와 미래의 삶의 질 향상과 직결돼 있기 때문이다.

한국 부동산 시장의 투자자들도 지난 60여 년간(대한주택공사가 설립된 1962~2018년) 비교적 성공가도를 달렸다. 일부 투기 세력은 국민적 공분을 사면서도 큰돈을 벌어 벼락부자가 되기도 했다. 노태우 정부가 1989년 공시지가제도를 도입한 후에도 2000년대 초까지 토지에 대한 세금은 문자 그대로 미미했다. 또 부동산 투자에 실패하는 이들도 있었다. 부동산과 시장 흐름을 모르고 과욕을 부린 이들은 실패를 겪었다.

이제 한국 부동산 시장은 인구 고령화와 더불어 안정화로 가고 있다. 부동산 재테크로 대부분이 돈을 벌 수 있는 시기는 지났다. 일확천금도 없다. 때로는 고통이 따르고 손해를 감수해야 한다. 합리적인 투자를 하지 않으면 낭패를 보는 경우가 많아진 것이다. 부동산 투자도 과학적으로 해야 한다. 인구 고령화 시대에 따른 시장의 흐름을 모르고 하는 부동산 투자는 실패를 부를 가능성이 높다.

이 책은 누구나 부동산 투자를 할 수 있다는 믿음에서 출발했다. 2015~2018년의 부동산 과잉 시대와 향후 부동산 투자 상품의 변화를 제시하는 데 주안점을 뒀다.

1부에서는 왜 지금 투자자나 부자, 일반인들이 초소형 부동산에 주목하는가를 살펴보았다. 초소형 부동산 인기 실태, 시장 트렌드 변화, 초소형 부동산 거래량 등에 주목했다. 2부에서는 1~2인 가구 증가와 초소형 부동산 열풍, 시사점을 점검했다. 늘어나는 주거비 부담과 도시화의 가속화, 월세 시장의 동향 등도 살폈다.

3부에서는 아파트에서 농지까지 초소형 부동산 옥석 찾기와 인구 고령화 시대에 따른 투자 유형 변화와 초소형 주거 시설, 초미니상가, 자투리땅 등에 대한 실투자를 중심으로 짚어보았다. 4부에서는 지금 당장 시작하는 초소형 부동산을 주제로 선진국의 미니 주거시설 건립 붐, 한국의 초소형 부동산 투자 적지適地와 시기, 인구 고령화 시대에 인기를 끌 초소형 부동산 상품을 분석했다. 부록으로 소형 부동산에 투자해 성공한 이들을 살펴보았다. 성공한 이들 중에는 다른 부동산 상품에 투자하지 않은 것에 아쉬움도 드러낸 이들이 있었다. 가지 않은 길에 대한 아쉬움일 것이다.

안정적인 현재와 미래의 노후 생활을 위해 부동산 재테크는 일반인들이 해야 할 필수불가결한 요소다. 독자들은 이 책을 읽고 현재 자신의 자산 상태를 직시하고 부동산 재테크의 중요성과 더불어 현재와 미래 부동산 투자 트렌드 등을 파악할 수 있을 것이다.

부동산 투자는 '대박'에 대한 환상을 좇기보다는 '금리보다 높은 수익률'이라는 관점에서 출발해야 한다. 안정성이 우선이기 때문이다. 그래서 전 재산을 쏟아붓기보다는 저평가된 부동산에 소액 투자를 하는 데서 출발해야 한다. 초소형 부동산에 관심을 갖는 것이 곧 두사의 시삭인 것이다.

늦어진 원고를 인내해준 한스미디어에 고마움을 표하며, 이 책이 일반 독자들의 부동산 재테크에 조그만 보탬이 되길 기대한다.

김순환, 이정선

Contents

프롤로그 앞으로 10년, 해답은 초소형 부동산이다 4

1부
왜 지금 초소형 부동산을 주목하는가

1장 인기 고공행진, 초소형 아파트
01 부동산 시장의 메가트렌드 '초소형' 19
02 잘나가는 50m² 이하 초소형 아파트 26
03 초소형이 임대수익 더 쏠쏠 30
04 사고파는 사람 많아진 소형 주택 33

2장 왜 초소형 부동산 붐이 부는가
01 인구·가구 변화가 초소형 부동산 열풍 이끈다 39
02 1~2인 주택 공급 늘었나, 줄었나 49
03 월세 시대에 맞는 초소형 주택 56
04 도시 집중이 초소형 시대 앞당긴다 63

3장 초소형 부동산을 소비하는 1~2인 가구
01 1~2인 가구는 누구이며 어디에 사나 73
02 1~2인 가구의 주거 소비·투자 성향 80
03 매력적인 임차인은 누구? 85

4장 초소형 주택 정책을 주목하라

01 유명무실해진 국민주택 규모 정책 93
02 초소형 주택 정책 걸림돌과 법제화 동향 99
03 정부와 LH 초소형 주택(임대·분양) 활용법 108
04 자치단체 초소형 주택 정책: 서울시 118

2부
초소형 부동산의 재구성

5장 초소형 부동산 상품 개발 러시

01 미니 아파트·오피스텔, 세대 분리형 아파트, 마이너스 재건축 129
02 1인 가구의 대안적 주거 모델, 셰어하우스 139
03 섹션·공유 오피스, 초소형 상가 144
04 협소주택과 도시형 생활주택 151
05 레고처럼 조립하는 모듈러 주택 159

6장 라이프스타일 변화와 초소형 주택 선호

01 중대형 지고 초소형 뜨고 167
02 1~2인 가구의 주거 소비 성향 176
03 거주 문화 키워드, 공유와 사회적 가족 182

7장 초소형 부동산과 절세

01 부동산 절세가 재테크다 189

02 주택 임대사업자 등록 혜택 193

03 각 상품별 절세법과 혜택 198

3부
아파트에서 농지까지 알짜 소형 부동산 고르기

8장 소형 부동산 투자, 아이템이 먼저다

01 인구 고령화로 인한 부동산 투자 유형 변화 207

02 서울 강남보다 강북에서 찾아라 210

03 도시재생사업지 주변을 공략하라 213

04 공공(공기업, 공기관)에 투자 아이템이 있다 216

05 농·산촌에서 찾는 투자 아이템 218

9장 투자의 시작, 주거와 오피스텔

01 아파트를 비롯한 주거형 소형 부동산 투자 223

02 종잣돈 없다면 분양 주택에 주목해라 226

03 오피스텔은 공실률이 수익성을 좌우한다 229

04 알짜 투자처, 지식산업센터 232

05 콘도와 분양형 호텔은 단순 투자 하지 말아라 234

10장 수익형 부동산 투자의 대세, 미니상가

01 미니상가, 주변 전체 상권을 봐야 한다 239
02 LH를 비롯한 공기관 분양 상가에 주목해라 242
03 초보자는 신규 택지지구 분양 상가 청약에 신중해라 245

11장 자투리땅, 대박의 초석

01 토지 투자는 용어부터 알아야 한다 251
02 자투리땅의 '용도지역'을 우선 알아야 한다 257
03 쉽지만 잘 모르는 '주거지역' 구분하기 261
04 상업·공업지역이라고 다 같지는 않다 264
05 우리나라 국토 모두가 관리지역이라고? 266
06 자투리땅 정보는 어디서 알 수 있을까 269
07 변방 자투리땅에서 소액 투자의 미래를 잡아라 271

12장 부동산 소액 투자의 미래, 농지에 있다

01 농지천하지대본 시대의 도래 275
02 소액 투자한 농지가 노후 대책이 된다 277
03 소액 농지 투자자라도 농지연금이 가능하다 279

4부
지금 바로 시작하는 초소형 부동산 투자

13장 선진국은 이미 초소형 부동산 전성시대
- 01 세계 각국의 스마트 시티 열풍과 초소형 부동산 287
- 02 미국 도시의 초소형 주거 인기와 개발 붐 290
- 03 초소형 부동산이 대세인 일본 293
- 04 유럽의 주거난, 초소형 부동산에서 해법을 찾다 296

14장 초소형 부동산 투자의 적지를 찾아서
- 01 투자 적지를 찾기 힘든 서울 301
- 02 수도권은 틈새 지역 초소형 물건을 공략하라 304
- 03 전철이 닿는 수도권 너머를 선점해라 307
- 04 초소형 부동산, 중소도시서 금맥 캐라 310
- 05 항구도시의 초소형 부동산을 잡아라 313

15장 투자 골든타임에 나타나는 네 가지 전조
- 01 대부분의 투자자가 부동산에 열광할 때 317
- 02 정부 부동산 규제가 정점일 때 319
- 03 부동산 세금이 가장 많을 때 322
- 04 기준금리가 2~3회 인상된 후 324

16장 앞으로 뜰 초소형 부동산 상품

01 에코라이프가 가능한 수도권 주변 자투리땅 329
02 오피스+홈 시대 진입, 선행 투자 필요 331
03 콤팩트 하우스가 주거 중심인 시대가 온다 333
04 테마 풀빌라와 미니 별장 336
05 미세먼지가 그린존 하우스 앞당긴다 339

부록 초소형 부동산 투자에 성공한 사람들

01 역세권 초소형 아파트, 시세차익과 월세 수익이라는 두 마리 토끼 344
02 대학 인근 소형 아파트, 시세차익은 적지만 짭짤한 월세 346
03 잠실의 도심 오피스텔, 분양가 높지만 만족할 만한 수익률 348
04 성수동 지식산업센터, 남들이 잘 모르는 투자로 함박웃음 350
05 도시형 생활주택, 관리는 어렵지만 높은 수익에 행복 352
06 경매로 투자한 소형 아파트, 5년 만에 2배 올라 354
07 오피스텔 투자로 연 수익률 10% 올려 356
08 급매로 잡은 다세대주택, 개발 호재로 1년 만에 1억 껑충 359
09 임대 수요 풍부한 성수동 오피스텔, 공실 위험 거의 없어 361

에필로그 초소형 부동산에 '안부락도'의 길이 있다 364
미주 366

1부
왜 지금 초소형 부동산을 주목하는가

1장
인기 고공행진, 초소형 아파트

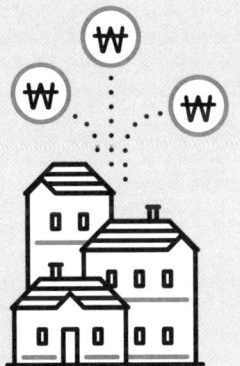

한때 주택시장은 중대형 아파트가 휩쓸었다. 불과 10년 전의 일이다. 예고 없이 닥친 2008년 금융위기부터 시장은 급변했다. 몸집이 크고 환금성이 떨어진 중대형 아파트는 공룡처럼 전락했다. 중소형 아파트가 그 틈을 비집고 전성시대를 구가했다.

금융위기 이후 10년이 지난 부동산 시장은 다시 변화의 조짐으로 꿈틀거리고 있다. 중소형보다 작은 초소형 아파트가 시장의 주도권을 넘볼 기세다. 가격이 치솟고 있다. 돈이 흘러들어가고 있다. 투자자도 실수요자도 미니 부동산을 기웃거린다. 글로벌 시장에서도 초소형 부동산이 인기다. 다운사이징down-sizing을 넘어 이제는 '핏 사이징'fit-sizing 시대로 접어들고 있다는 전망도 나온다.

부동산 시장의 메가트렌드 '초소형'

미국 뉴욕 맨해튼의 킵스베이Kips Bay. 2016년 10월 이곳에 독특한 형태의 주택이 들어섰다. '카멜 플레이스Carmel Place'라는 이름의 이 주택은 260~360스퀘어피트Sqft(약 7~10평) 규모의 초소형 아파트다. 당시 마이클 블룸버그 뉴욕 시장이 "뉴욕 시민의 63%를 차지하는 1~2인 가구를 위한 아파트가 부족하다"며 건설을 추진했다.

각 세대에는 발코니가 딸려 있으며 실내에는 건물 편의시설로 체육시설, 회의실, 라운지, 야외 테라스, 세탁실, 자전거 보관실 등이 갖춰져 있다. 총 55세대의 이 미니 아파트는 건축비를 아끼기 위해 컨테이너 박스를 쌓는 방식의 '모듈형 주택'으로 지어져 화제를 모으기도 했다.

카멜 플레이스 건축 과정과 내부

자료: NEWSWEEK

집값이 비싸기로 유명한 홍콩에는 최근 깡통 모양의 '캔 하우스 can house'가 화제를 모았다. 콘크리트 수도관 안에 냉장고, 접이식 침대, 화장실 등 각종 편의시설을 구비해 사람이 살 수 있도록 한 초소형 주택이다. 수도관의 길이는 5m, 지름은 2.1m이며 바닥 면적은 9~11m²(약 3평) 정도다. 2017년 12월 열린 '홍콩 디자인 인스파이어' 박람회에 소개된 이 주택은 홍콩의 한 건축회사가 선보인 것으로, 1~2인이 살기에 적합하게 설계됐다.

가격도 저렴한 편이다. 캔 하우스 한 채의 가격은 1만 5,350달러(약 1,640만 원) 정도로, 한 달에 383달러(약 41만 원) 정도의 임대료가 책정될 예정이다. 캔 하우스는 운송이 간편하며 여러 채의 캔 하우스를 쌓아 올릴 수 있다는 장점을 갖고 있다. 건물을 짓기 곤란한 도심 내 자투리땅에도 쉽게 설치할 수 있다.

부동산의 다운사이징 downsizing 은 세계적인 메가트렌드다. 2014년 8월 미국 LA에서 열린 미국 서부 최대의 국제 디자인 박람회 '드웰

2017년 12월 홍콩 디자인 박람회에 소개된 캔 하우스[1]

자료: Dezeen 홈페이지

온 디자인Dwell on Design conference'의 핵심 테마도 '초소형 주택'이었다. 전 세계적인 현상인 1인 가구 증가와 도시화에 대응하기 위한 의제였다. 영국 언론《가디언》은 이 행사에 대해 "마이크로micro 아파트가 늘어나는 인구를 흡수할 뿐 아니라 밀도가 높아지는 도시를 돕는 대안이 될 수 있다"고 전했다.[2]

미국에선 '타이니 하우스Tiny House'라는 주거 형태도 확산되고 있나. 미니 홈mini home이라고도 부르는 타이니 하우스는 보통 10~40m² 면적의 이동식 초소형 주택이다. 면적은 작아도 거실, 침실, 주방, 화장실 등 기본적인 시설은 모두 갖추고 있다. 실속형 주거를 원하는 수요자들이 늘면서 타이니 하우스를 새로운 주거의 대안으로 삼는 사람들도 늘고 있다.

한국도 예외는 아니다. 아파트 분양 시장은 요즘 전용면적 30~40m² 규모의 초소형 아파트들이 청약자들을 끌어들이고 있다. 수년 전만 해도 보기 드물었던 현상이다. 초소형 오피스텔을 비롯해 도시

전용면적에 따른 다양한 수요층

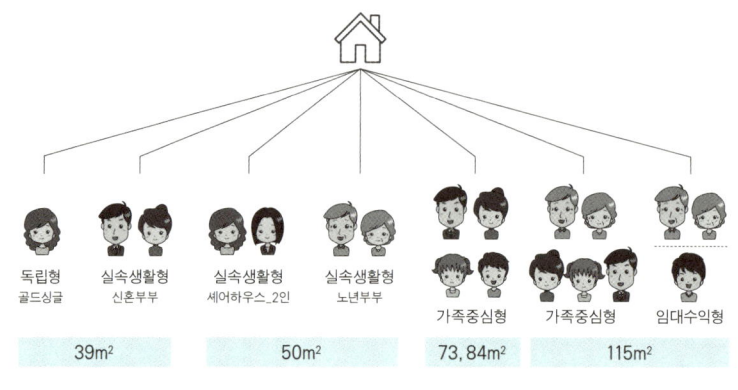

형 생활주택도 폭발적으로 늘어났다. 겨우 4~5개의 책상을 놓을 수 있는 미니 사무실도 인기다.

‘나 홀로 가구’ 증가, 1코노미 물결

초소형 부동산이 인기를 끄는 첫 번째 이유는 '나 홀로 가구'의 증가다. 글로벌 시장 조사 기업 '유로모니터 인터내셔널'Euromonitor international에 따르면, 노르웨이, 덴마크, 핀란드, 독일, 스위스 등은 2014년 기준 10가구 중 4가구 이상이 1인 가구다. 넓은 공간이 필요한 수요층은 그만큼 줄고 있다.

한국도 1인 가구 비중이 높다. 뒤에 자세히 다루겠지만, 1인 가구는 이미 3가구당 1가구꼴로 늘었다. 2인 가구까지 합치면 절반이 넘는다. 1~2인 가구의 위력은 TV를 통해서도 짐작할 수 있다. 요즘 큰 인기를 모으는 〈나 혼자 산다〉나 〈미운 우리 새끼〉 등의 프로그램은 1인 가구를 배경으로 시청자들의 공감을 사고 있다.

두 번째 이유는 급격한 도시화다. 도시 집중은 초소형 부동산에 대한 수요를 증폭시키는 역할을 하고 있다. 좁은 땅에 많은 사람이 거주하려면 공간을 쪼갤 수밖에 없어서다.

UN이 2014년에 발표한 「세계 도시화 전망 World Urbanization Prospects」에 따르면, 세계 인구의 54%에 해당하는 72억 명이 도시에 거주하고 있다. 북미 지역에서는 전체 인구의 82%, 약 4억 7,400만 명이 도시 지역에 살고 있다. 이런 추세는 더욱 가속화할 전망이다.

세 번째, 주거비 부담을 낮추기 위해서다. 작지만 확실한 행복을 뜻하는 '소확행小確幸' 인식이 깔려 있다. 앞에서 예를 든 홍콩이 좋은 예다. 홍콩은 소득 대비 집값이 전 세계에서 가장 높은 도시다. 평균 주택 가격은 한 채당 180만 달러(약 19억 2,000만 원)에 달한다. 홍콩에는 캔 하우스를 비롯해 '나노 플랫'nano flat, '캡슐 홈'capsule home, '슈박스 홈'shoe box home 등으로 불리는 초미니 아파트가 잇따라 지어지고 있다. 주택난을 해소하기 위한 시도다. 최근 2~3년간 부동산 가격이 급등한 한국도 초소형 주택에 대한 관심이 갈수록 높아지고 있다.

1인용 부동산 전성시대 예고

가장 핵심적인 배경은 역시 가구 변화다. 가구 구성의 변화는 소비생활에 직접적인 영향을 미친다. 혼밥, 혼술 등 소비 패턴이 확산되면서 1인과 경제를 뜻하는 이코노미economy의 합성어인 '일코노미1conomy'라는 신조어도 등장했다. 일부 자취생, 독신자 정도로만 인식됐던 1인 가구가 이제는 시장을 움직이는 주류 소비자층의 지위를 굳혀가고 있다. 다이소나 편의점의 급성장은 1회용품을 선호하는 1~2인 가구의 급증 외에는 설명할 길이 없다.

'솔로 이코노미Solo economy'라는 용어가 나온 배경도 비슷하다. 이 말은 2012년 미국 뉴욕대학교 에릭 클라이넨버그 교수가 『고잉 솔

연도별 1인 가구 규모(1995~2016)

자료: 통계청

로Going Solo』라는 책을 펴내면서 처음 사용했다. 클라이넨버그 교수는 이 책에서 "2010년 미국 성인 싱글의 1인당 연평균 소비액이 3만 4,000달러로 무자녀 및 유자녀 가족 부부의 1인당 소비액보다 높다"며 "고소득 싱글족이 증가하면서 이들의 경제적 영향력이 더욱 커질 것"이라고 전망했다. 2015년 1월 스위스 다보스에서 열린 세계경제포럼WEF에서도 솔로 이코노미가 주요 의제로 다뤄졌다.

1~2인 가구 증가는 일시적인 유행이 아니다. 2035년이면 1~2인 가구가 1,500만 명까지 늘어날 전망이다. 전 국민의 68.3%에 이르는 규모다. 통계청은 2045년께 1인 가구만 전체 가구의 36.3%에 이를 것으로 추산한다. 산업연구원은 국내 1인 가구 소비 지출 규모가 2010년 60조원에서 2020년 120조 원으로, 2030년에는 194조 원에 달해 4인 가구 지출 규모인 178조원을 넘어설 것으로 내다보고 있다.

이 같은 소비 트렌드 변화가 몰고 올 미래의 모습은 짐작하기 어려울 정도다. 나 홀로 가구는 무엇보다 부동산 시장을 뒤흔들 폭발적인 잠재 수요층이기도 하다. 당장 3~4인 가구 위주의 주택 시장은 거대한 변화가 불가피하다. 상가, 오피스텔, 사무실 등 모든 부동산 상품에도 가구 변화에 맞는 새로운 질서가 요구되고 있다. 변화는 이미 시작되고 있다.

잘나가는 50m² 이하 초소형 아파트

 작은 고추가 맵다. 서울 송파구 잠실동의 리센츠 아파트 단지의 전용 27m²를 보자. 방 1개와 욕실이 딸린 10평도 채 안 되는 이 아파트는 서울 시내에서 가장 작은 규모의 초소형 아파트다. 초소형 아파트는 방 1~2개와 욕실 1개 정도로 이뤄진, 전용면적 40~50m² 이하 아파트를 말한다.

 부동산114 조사에 따르면, 리센츠 27m² C형 시세는 7억 5,000만~7억 8,000만 원이다. 평균 시세인 7억 6,500만원을 기준으로 3.3m²당 6,375만원에 이르는 가격이다. 2005년 5월 분양 당시 분양가(1억 9,230만원)와 비교하면 297.8%의 수익률을 자랑한다. 분양가 대비 약 3배 정도 오른 셈이다.

같은 단지 내 전용 84m² 아파트도 많이 올랐지만 27m²에 비할 바는 아니다. 84m²의 평균 가격은 16억 1,500만원으로 분양가(6억 2,190만원) 대비 수익률은 159.7% 수준이다.

리센츠 27m² 아파트가 원래부터 인기가 높았던 건 아니었다. 잠실주공2단지를 재건축한 리센츠는 5,563가구의 대규모 단지다. 2005년 5월 분양 당시엔 '강남 쪽방'[3]으로 불리며 미분양의 수모를 겪었다. 태생부터 그럴 만했다. 가격이 오를 것이라는 혜안이 있어서가 아니라 당시 재건축 시장에 적용된 '소형 평형 의무 비율'●을 맞추기 위해 억지로 끼워 넣었던 평면이다.

"그 좁은 집에 누가 사느냐"는 의구심 속에 한때 외면받았던 이 초소형 아파트는 그러나 단위 면적(3.3m²)을 기준으로 단지 내 아파트 중 가장 비싼 대접을 받으며 화려하게 부활했다.

그동안 가장 크게 달라진 건 인구 구조의 변화다. 10년이면 부동산 시장도 변한다. 초소형 아파트의 수요를 받쳐줄 수 있는 1~2인 가구는 이미 전체 가구의 절반을 넘어섰다. 리센츠 27m²의 위상 변화는 부동산 시장의 구조적 변화를 반영하는 생생한 사례다. 또 다시 10년이 지나면 3~4인 가구 비중은 지금보다 훨씬 줄어들 전망이다.

초소형 아파트의 상승세는 강남권에서만 목격할 수 있는 현상은 아니다. 종로구 교남동의 경희궁자이 전용 37m² 아파트는 2018년 들

● 공동주택 재건축 시 전용면적 60m² 이하 크기의 주택을 일정 비율(서울은 20%) 이상 짓도록 한 제도.

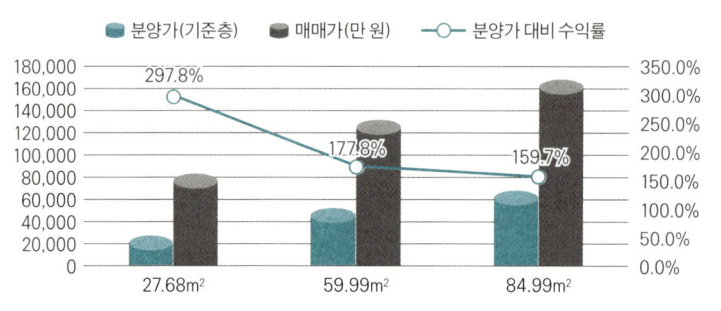

자료: 부동산114 REPS

어서만 1억 원가량 뛰었다. 매매호가는 6억 원 선에 이른다. 2018년 1월 5억 5,000만원~6억 3,000만 원 정도의 시세가 형성됐던 강남구 역삼동의 역삼 아이파크 전용 28m²는 2018년 5월 기준 6억 5,000만~7억 원까지 올랐다.

호가呼價일 뿐이라는 반론이 있을 수 있다. 국토교통부가 집계하는 실거래 가격을 보자. 2016년 입주한 하왕십리동 센트라스 전용면적 40m² 주택형(6층)은 2018년 2월 6억 원에 거래가 이뤄졌다. 분양가(3억 2,760만 원) 대비 2억 7,240만원의 프리미엄이 붙은 가격이다. 청담 자이 전용 49m²는 2017년 10월 12억 9,900만 원의 높은 가격에 거래됐다. 3.3m² 당 6,000만 원이 넘는 가격이다.

다음의 그래프들을 보면 작을수록 가격이 오르는 추세가 뚜렷하다는 걸 알 수 있다. 부동산114에 따르면 최근 5년간 전용 60m² 이하 소형 아파트 오름폭은 49.6%에 달했다. 반면 60~85m² 이하의 중

서울 일반 아파트 전용면적별 매매 변동률

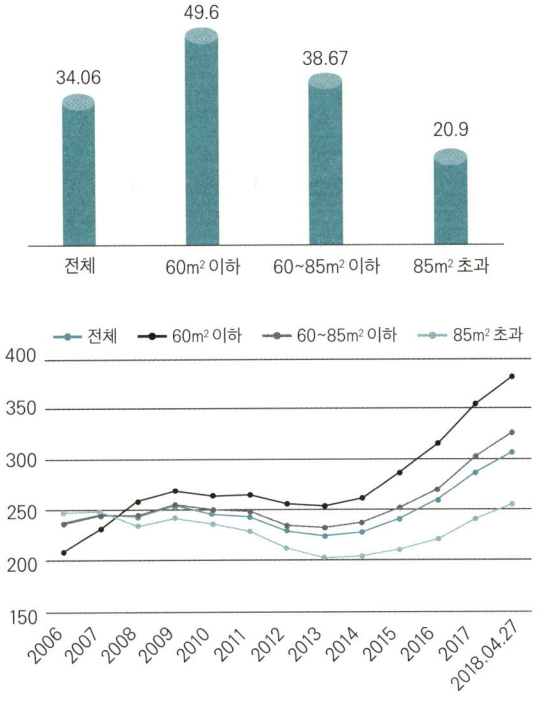

자료: 부동산114 REPS(2013. 1 대비 2018. 5. 4 기준)

형은 38.6%, 85m² 초과는 20.9% 상승하는 데 그쳤다. 2013년 초로 시간을 되돌릴 수 있다면 중대형 아파트보다는 소형, 더 나아가 초소형 아파트에 투자하는 것이 훨씬 높은 투자 수익률을 기록했을 거라는 얘기다.

초소형이 임대수익
더 쏠쏠

『블랙 스완』의 저자 나심 탈레브는 『안티프래질』이라는 책에서 "자산은 두 종류밖에 없다"고 강조했다. 불황이 올수록 더욱 강해지는 자산과 반대로 불황이 오면 취약해지는 자산으로 나뉜다는 것이다. 초소형 아파트는 불황기에도 상대적으로 안전한 자산에 속한다. 환금성이 뛰어나고 1~2인 가구 임차 수요가 풍부해 안정적인 임대수익을 기대할 수 있기 때문이다.

물론 가격 상승률이 좋아 시세차익도 기대할 수 있다. 은퇴 전후의 50~60대 투자자들이 큰 집을 팔고 작은 집으로 이사하면 노후자금을 마련하는 데도 효과적이다.

직주근접職住近接이 가능한 강남이나 서울 강북 도심처럼 입지가 뛰어난 초소형 아파트라면 금상첨화다. 일반적으로 종로구와 중구, 광화문, 을지로, 충무로와 인접해 직장인 수요가 많은 지역의 수익률이 높은 것으로 알려져 있다.

도심과 강남권을 모두 오가기 쉬운 서울 성동구 센트라스 아파트를 보자. 전용 40m²의 시세는 보증금 5,000만 원에 월세 130만 원 선이다. 분양가(3억 3,000만 원)를 고려하면 연 5.6%의 수익률이 나오는 셈이다. 잠실 리센츠 전용 27m²도 보증금이 3,000만 원일 때 월세는 120만~150만 원 정도다. 연 수익률이 4% 안팎으로 은행 이자보다 높다.

부동산114가 매년 조사하는 아파트 임대수익률 통계에 따르면 서울 지역의 아파트 임대수익률은 면적이 작을수록 높다. 2017년 59m² 이하 소형 아파트의 임대수익률은 2.8%인 반면, 85m² 초과 아파트는 2.73%이었다. 저금리 기조가 더 두드러졌던 2011~2014년에는 수익률 격차가 더 컸다. 2011년에는 59m² 이하가 3.45%, 85m² 초과는 2.74%로 수익률 격차는 0.71% 포인트에 달했다.

면적이 작을수록 수익률이 높은 건 오피스텔도 마찬가지다. 2017년 전용 20m² 이하 오피스텔의 임대수익률은 5.17%를 기록했으나 20~40m² 이하는 4.76%, 40~60m² 이하는 4.86%, 60~85m² 이하는 4.61% 등으로 조사됐다.

초소형 부동산 투자의 이점을 잘 보여주는 상품은 고시원이다. 지하철 9호선 신논현역에서 5분 거리에 있는 한 고시원의 2~2.5평대

연도별 오피스텔 임대수익률

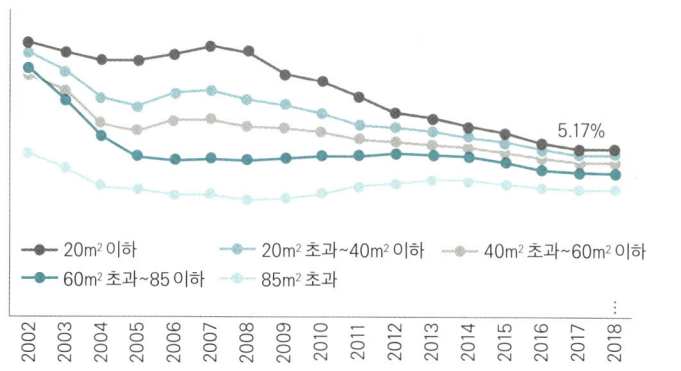

자료: 부동산114 REPS

월 임대료는 65만 원 선이다. 3.3m²당 26만~32만 원 대다.

반면 압구정동 현대아파트(6차) 전용 144m²는 대략 보증금 2억 원에 월세 300만 원 선이다. 보증금 1억 원을 월 40만 원으로 전환하면 순 월세는 대략 380만 원으로 가늠할 수 있다. 3.3m²로 환산하면 8만 원(380/48) 선이다.[4] 단위면적을 기준으로 따져보면, 허름한 고시원이 국내에서 가장 비싼 아파트보다 훨씬 쏠쏠한 임대수익을 올리고 있는 셈이다.

04
사고파는 사람 많아진
소형 주택

가격이 오르면 거래도 활발해지기 마련이다. 한국감정원에 따르면 최근 2년간 서울에서 거래량이 가장 많았던 건, 총 18만 8,400건이 거래된 41~60m^2의 초소형 주택이었다. 전통적으로 실수요층이 가장 두텁다고 여겨지는 61~85m^2의 중소형 주택의 거래량(18만 4,859건)을 넘어섰다. 전용면적 40m^2 이하 주택의 매매 거래 비율도 2013년 11.1%, 2014년 11.54%, 2015년 11.6%, 2016년 12.47%, 2017년 12.88% 등으로 꾸준한 상승세를 보이고 있다.

초소형 주택 시장에 뛰어들고 있는 이들은 누구일까? 이를 엿볼 수 있는 분석 자료가 있다. 2017년 5월 대우건설은 "초소형 아파트 거래를 주도하는 건 50대 이상 베이비붐 세대들"이라고 발표했다. 건

서울 지역 주택 면적별 거래량(단위: 건)

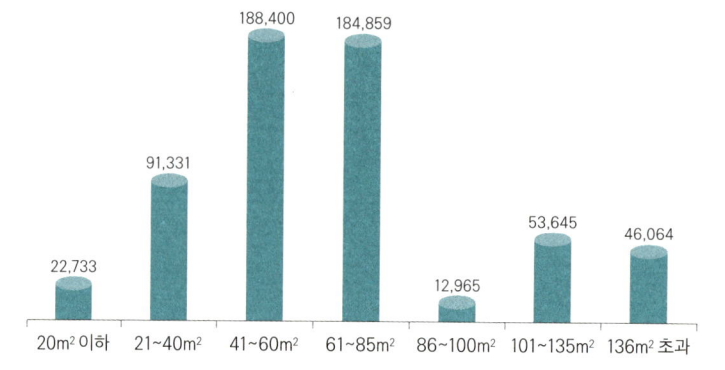

자료: 한국감정원(2016. 4~2018. 3)

전용면적 40m² ~ 50m² 최초 계약자 연령 분포(2016)

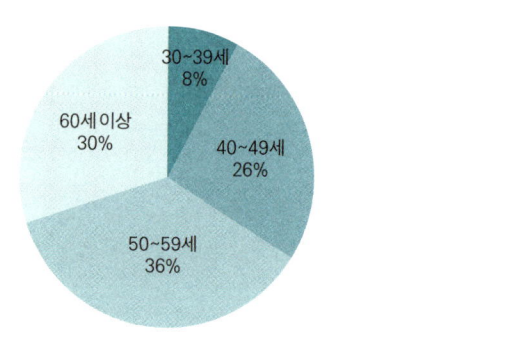

자료: 대우건설

국대학교 산학연구팀과 공동으로 2010~2015년 수도권에서 분양한 29개 단지 총 2만 6,329가구를 분석한 결과다. 대우건설에 따르면 전용면적 40~50m² 소형 아파트의 67%는 50세 이상이 계약한 것으로 나타났다. 40대는 25.8%, 30대는 7.6% 수준이었다.

흥미로운 대목은 대우건설이 2004년에 처음 조사한 결과와의 차이점이다. 2004년에는 초소형 아파트(40~50m²)의 49%를 25~34세가 계약한 것으로 나타났다. 당시 55세 이상 비중은 9% 안팎에 불과했다. 즉, 2004년 조사에서는 아파트 면적이 넓을수록 계약자의 연령대가 높았으나 2016년 조사에서는 전용면적 40~50m² 초소형 아파트에 50대 이상이 몰린 것이다. 10여 년 만에 초소형 아파트 수요 트렌드가 달라지고 있음을 확인할 수 있다.

부동산 시장에서 은퇴를 앞둔 50대는 '큰손'으로 통한다. 오랜 직장생활이나 사회생활을 통해 자산을 축적한 연령대다. 이들이 증여나 투자 목적으로 초소형 아파트 투자에 나섰을 것이란 추정이 가능하다. 이들에게 초소형 아파트가 매력적인 투자 대상으로 비쳐지기 시작했다는 얘기다.

초소형 아파트의 '큰손', 50대

초소형 주택의 인기는 계속될까. 주택산업연구원은 10년 후엔 가족 수에 맞는 적정 규모의 주택을 소비하고 디자인보다 실용성을 중시하는 에코 세대의 특성에 맞게 주택 규모가 축소되면서 전용면적 40~60m²가 대세가 될 것으로 전망했다. 이 연구원은 베이비붐 세대와 에코 세대의 본격 수요 교체, 실속형 주택, 주거비 절감 주택, 주택과 공간 기능의 다양화, 첨단 기술을 통한 주거 가치 향상, 임대사업 보편화 등 7가지 항목을 10년 후의 '미래주거 트렌드'로 꼽고 있다.

부동산 개발 업체 피데스개발도 이미 2011년부터 1~2인 가구 증가에 따라 소형 주택 시대가 올 것이라고 예상하면서 새로운 주거 트렌드로서 '강소 주택'을 선정했다.

2장

왜 초소형 부동산 붐이 부는가

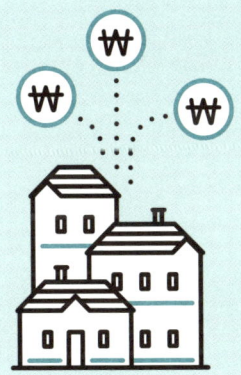

부동산 시장의 변화는 수요와 공급에서 온다. 초소형 부동산의 인기도 마찬가지다. 무엇보다 수요층이 달라졌다. 부부와 자녀로 구성된 3~4인 가구 이상의 혈연 가구는 급속히 감소하고 있다. 그 자리를 1~2인 가구가 빠르게 메우고 있다. 이미 우리나라 전체 가구의 50%를 넘어섰다. 특히 1인 가구 증가 속도가 가파르다. 이들은 작은 부동산을 선호한다.

한국만의 사정은 아니다. 1인 가구 증가는 전 세계적인 현상이다. 현재 OECD 평균 1인 가구는 30.6%. 조만간 40%에 이를 전망이다.

공급 물량은 이 같은 변화를 쫓아가지 못하고 있다. 공장에서 찍어내는 제조품과 달리 부동산은 '시차時差'라는 태생적 한계가 존재한다. 기획 단계에서 토지 매입, 건설, 완공까지 이르는 과정이 길기 때문이다. 이로 인한 수요와 공급의 미스매칭은 부동산 시장을 움직이는 동력이기도 하다.

인구·가구 변화가
초소형 부동산 열풍 이끈다

요즘 서울 시내에서 가장 핫Hot 한 장소는 홍대·합정동 일대다. 분주히 오가는 청소년, 대학생, 외국인 관광객들로 늘 북새통을 이룬다. 유동인구가 많은 만큼 상권의 임대료도 서울에서 가장 높은 수준이다. 반면 경기 용인 일대는 아파트 입주 물량이 한꺼번에 쏟아지면서 매매 가격과 전세 가격이 급격히 추락하고 있다.

부동산 시장을 좌우하는 가장 큰 변수는 수요와 공급이다. 금리, 정책, 세금 등도 영향을 미치지만 결국 수요와 공급으로 귀결되는 요인들이다. 금리가 오르거나 정부가 규제를 내놓으면 수요가 줄게 되는 식이다.

이 책의 키워드인 초소형 부동산으로 다시 화제를 돌려보자. 전용

연도별 총조사 인구와 연평균 증가율(1949~2016)

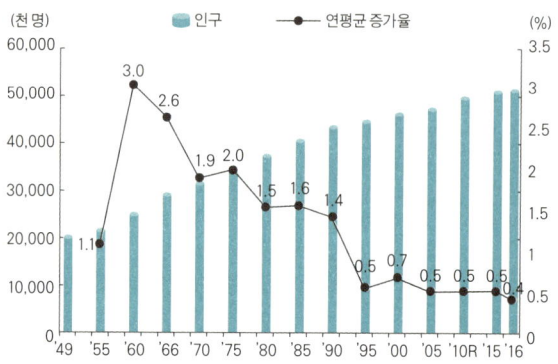

자료: 통계청

면적 40m² 안팎의 초소형 아파트 가격이 오르고 거래량이 늘고 있다는 건 그만큼 수요가 풍부하다는 증거다. 이런 수요를 구성하는 핵심은 인구다. 부동산을 사고파는 주체는 결국 사람이기 때문이다. 그렇다면 국내 인구는 어떤 상황일까?

통계청은 해마다 인구 현황을 조사한다. 가장 최신 자료는 2017년 8월에 내놓은 『2016 인구주택총조사』 결과(2016년 11월 1일 기준)다. 사실상 국내 인구의 현황의 모든 것이 여기에 담겨 있다. 우선 국내 인구의 개략적인 상황을 살펴보자.

국내에 거주하는 총 인구(외국인 포함)는 5,127만 명이다. 2015년의 5,107만 명에 비해 20만 명(0.4%) 증가했다. 이 중에서 서울과 인천, 경기를 모두 합친 수도권 인구는 2,539만 명으로 전체 인구의 절반에 가까운 49.5%를 차지한다. 수도권 안에서 가장 인구가 많은 곳은 경기도다. 전체 인구의 24.7%(1267만 명)를 차지하고 있다. 서울이 19.1%로 뒤를 잇고 있다.

국내 인구 구조는 저출산, 고령화 현상으로 30대 미만이 적고 40~50대가 많은 '항아리' 형태의 인구 피라미드를 형성하고 있다는 특징이 있다.

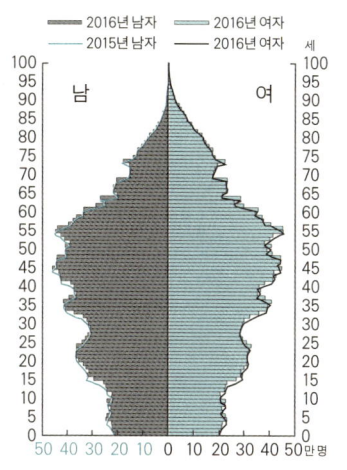

인구 피라미드(2015~2016)

자료: 통계청

부동산 시장은 인구보다는 '가구'가 중요

그런데 부동산 시장에서는 인구보다는 가구가 더 밀접한 영향을 미친다. 주택 수요에는 인구보다 가구 수가 미치는 연향이 거의 2배 이상 크다.[5] 부동산의 구매, 거주 행위가 대부분 가구 단위로 이뤄지기 때문이다. 10명의 식구로 이뤄진 가구라도 특별한 사정이 아닌 한 같은 공간에 거주하기 마련이다.

2016년 기준 우리나라 전체 가구 수는 1,984만 가구로 2015년에 비해 28만 가구(1.4%) 증가했다. 수도권에 분포하는 가구는 48.6%

연도 및 가구원 수별 가구 규모(1995~2016)

자료: 통계청

에 이른다. 전체 가구 중 965만 가구가 수도권에 거주하고 있다는 얘기다. 수도권으로의 집중 현상은 계속 이어지는 추세다. 수도권에 거주하는 가구의 비율은 2005년 48.2%, 2010년 49.2%에 이르다가 2015년부터 49.5%로 증가했다.

가구 통계에서 눈여겨봐야 할 대목은 1인 가구다. 가구 통계에서 눈여겨봐야 할 대목은 1인 가구다. 2016년 기준 외국인 가구 등을 제외한 국내 일반가구(1,936만 가구) 중 1인 가구는 539만 가구로 27.9%를 차지한다. 2인 가구 규모도 1인 가구와 비슷한 506만 가구(26.2%)에 이른다. 1인 가구와 2인 가구를 합치면 54.1%로 전체 가구의 절반을 넘는다. 초소형 아파트의 상승률이 높고 거래가 늘고 있는 이유도 여기에 있다. 이어 3인 가구(21.4%), 4인 가구(18.3%), 5인 가

연도별 1인 가구 수와 추계(1985~2045)

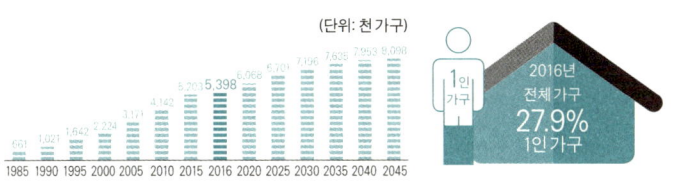

자료: 통계청, 『인구주택총조사』(각 해당 연도); 『장래가구추계: 2015~2045』(2017)
- 1) 인구주택총조사 결과 1인 가구가 지속적으로 증가하여 2016년 가장 큰 비중을 차지
- 2) 1985~2016년은 인구주택총조사 결과이며 2020~2045년은 장래가구추계에서 발표된 1인 가구 추계
- 3) 2010년까지는 전통적 현장조사 방식의 집계결과이며, 2015년도와 2016년도 인구주택총조사는 등록 센서스 방식의 집계결과

구(6.2%) 순이다.

1980년대만 해도 가장 흔한 가구는 5인 이상 가구였다. 전체 가구의 50%를 넘었다. 당시 1인 가구 비중은 6.9%(1985년)에 불과했다. 1990년대도 이런 분위기는 크게 바뀌지 않았다. 1990년 이후엔 가장 주된 유형의 가구가 5인 가구에서 4인 가구로 달라졌고, 2010년엔 2인 가구가 24.6%로 가장 많은 비중을 차지했다. 2015년부터는 1인 가구가 2인 가구를 앞질러 가장 흔한 가구 형태로 자리 잡았다. 1980년대 이후 꼴찌와 1위가 완전히 뒤바뀐 셈이다. 이제는 1인 가구 전성시대다.

1인 가구를 연령 계층별로 보면 70세 이상이 17.8%로 가장 많고 30대(17.6%), 20대(17.2%) 순이다. 40대(15.6%)나 50대(16.9%), 60대(13.8%) 등은 상대적으로 1인 가구의 비중이 낮은 편이다.

1인 가구는 증가 속도도 가파르다. 2015년에 비해 2016년 1인 가

구는 0.7% 포인트 늘어난 반면, 2인 가구와 3인 가구는 0.1% 포인트 증가하는 데 그쳤다. 같은 기간 4인 가구는 0.7% 포인트 감소했다. 1인 가구 증가는 앞으로도 지속될 전망이다.

통계청의 『장래가구추계』(2017)에 따르면 1인 가구 수는 지속적으로 증가하여 2035년에는 약 764만 가구, 2045년에는 약 810만 가구(36.3%)로 늘어날 것으로 추정된다. 지금의 30~40대가 60대 안팎의 노년층이 될 무렵 상당수 한국인들이 혼자 사는 시대가 온다는 얘기다. 이런 전망이 현실화된다면 초소형 아파트에 대한 수요는 폭발적으로 늘어날 가능성이 크다. 초소형 아파트, 오피스텔 공급이 최근 몇 년간 크게 증가한 이유도 여기에 있다.

1~2인 가구 왜 늘어나나

그렇다면 1~2인 가구는 왜 늘어날까? 그럴 만한 이유가 있다. 특히 우리나라 1인 가구의 증가 속도는 세계에서 가장 빠른 수준이다. 우선 젊은 세대들이 결혼을 늦추거나 아예 포기하는 사례가 많아지고 있다. 2016년 한국 혼인 건수는 28만 1,700건으로 1974년(25만 9,100건) 이후 42년 만에 가장 낮은 수치를 기록했다. 소상공인시장진흥공단에 따르면 결혼 산업 중심인 강남구 청담동의 웨딩홀·웨딩 서비스 업체 수는 2016년 6월 152곳에서 2017년 4월 100곳으로 약

줄어드는 혼인 건수와 늘어나는 1인 가구 수

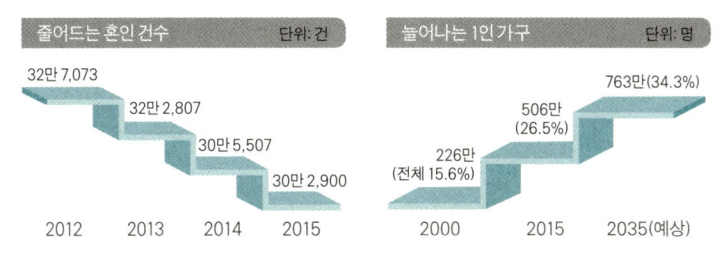

자료: 현대경제연구원

1년 새 34%나 감소했다.[6]

취업률도 결혼과 밀접한 관련이 있다. 20~39세 취업자 및 실업자의 혼인율을 비교하면 실업자의 혼인율은 취업자의 절반에도 못 미친다. 취업자와 실업자의 기혼 비율은 41.5%, 15.0%로 구분된다. 직업이 없으면 결혼하기란 더욱 어렵다는 얘기다. 이른바 '무전불혼無錢不婚'이다.[7]

무엇보다 결혼 적령기에 해당하는 30대의 1인 가구 비율이 높다는 건 청년실업 증가, 소득 불안정으로 독신으로 지내려는 경향이 짙어지고 있음을 반영한다. 결혼보단 자신의 삶을 더 중시하며 자발적으로 결혼을 하지 않으려는 비혼족非婚族이 늘고 있는 이유다. 경제적 부담과 육아 문제 탓에 결혼을 원치 않는 것이다.

리서치 전문 기업 '마크로밀엠브레인'이 2017년 실시한 '결혼문화 관련 인식 조사'에 따르면 젊은 세대 중 10명 중 2명만이 '결혼을 꼭 해야 한다'는 생각을 갖고 있는 것으로 나타났다. 특히 향후 결혼을 한다고 가정했을 때 '집을 마련하는 문제'(77.4%, 중복 응답)에 대한 고민이 상당했다. 실제 결혼비용은 만만치 않다. 최근 2년간 결혼한 500쌍의 평균 결혼비용은 2억 6,332만 원으로 나타났다. 이 중에서 주택 마련이 1억 8,640만 원으로 71%를 차지한다. 나머지는 혼수비용(5,478만 원, 21%), 예식비용(2,214만원, 8%) 등이다.[8]

이혼과 자녀 분가도 1~2인 가구가 증가하는 배경이다. 자녀가 결혼 후 부모를 모시고 사는 경향이 줄어들면서 배우자와 사별 후 혼자 사는 노인도 크게 늘어나고 있다. 실제 1인 가구를 연령별로 따져보면 70대 이상이 17.8%로 가장 많다. 20대(17.2%)와 30대(17.6%)보다 높은 비중을 차지한다. 특히 여성 고령층의 1인 가구화가 빠르게 진행되고 있는데, 통계청은 남성보다 여성의 기대수명이 높기 때문이라고 설명하고 있다.

국내에 거주하는 상당수 외국인들도 1~2인 가구 형태로 머물러 있을 것으로 추정된다. 이는 20~34세에 속하는 외국인이 42.8%를 차지하고 있는 상황에서도 짐작할 수 있다.

통계청 분류에 따르면 현재 국내에 거주 중인 외국인 가구는 45만 7,000가구에 달한다. 이 중에서 서울 거주 가구가 35만 9,000가구로 대부분을 차지한다. 외국인 가구는 해마다 늘어나는 추세여서 향후 임대 수요 증가로 이어질 가능성이 높다.

점오(0.5) 가구까지 등장

1인 가구에서 더 나아가 점오(0.5인) 가구라는 용어도 등장했다. 일주일 중 5일은 독립된 생활 공간에서 보내고 주말은 부모의 집으로 가거나 여행을 떠나는 싱글족을 말한다.[9]

0.5인 가구는 집에 머무는 시간이 짧아 1인 가구보다 라이프스타일이 더 간소하다. 집에서 생활하는 시간이 적은 만큼 1인 가구용 제품보다 작은 단위의 가구, 가전제품, 생활용품 등을 구매하는 습성이 있다. 거주에 필요한 주택 역시 더 작은 규모를 선호하기 마련이다. 이들의 경제 활동을 일컬어 솔로 이코노미를 넘어 '하프 이코노미half economy'라고 지칭하기도 한다.[10]

앞에서도 언급했듯, 부동산 시장의 핵심 수요는 가구다. 가구 변화는 그 자체로 부동산 시장의 변화를 몰고 오는 동력이다.

1인 가구나 0.5가구는 넓은 집을 필요로 하지 않는다. 청년 세대의 경우 가정을 꾸리는 시기가 늦어지면서 주택을 소유하려는 욕구도 당장은 크지 않다. 그나마 결혼을 하면 대체로 맞벌이가 가능해 대출을 받더라도 주택 매입에 따른 원리금(원금과 이자)을 납부하는 데 상대적으로 부담이 덜하지만, 비혼족에게는 무리가 따르기 때문이다.

상대적으로 소득 수준이 높지 않은 이들 사이에선 여러 명이 집을 공유해 함께 쓰는 셰어하우스도 인기다. 2명 이상의 싱글족끼리 한 집을 공유하는 형태의 '밍글mingle족'도 생겨나는 추세다.

한 번뿐인 인생을 즐기자는 '욜로you only live once' 현상도 초소형 주택의 선호도를 높이는 요인으로 꼽힌다. 미래 준비를 위해 절약이 몸에 밴 기성세대와 달리 현재의 삶과 행복에 우선순위를 두는 젊은 세대들에게 집은 말 그대로 잠을 자는 공간에 불과하다. 무리하게 주택 구입에 많은 돈을 투자하기보다는 지금의 인생을 알차게 즐기는 일에 더 관심이 많다.

노년층의 1~2인 가구들도 초소형 주택의 주요 수요층으로 떠오르고 있다. 은퇴 후 일정한 수입원이 없는 상황에서 자산의 대부분을 차지하는 중대형 주택을 처분하고 초소형 주택으로 옮겨가려는 시도가 늘어날 전망이다.

1~2인 주택 공급
늘었나, 줄었나

이처럼 1~2인 가구는 크게 늘고 있지만 이들이 거주할 만한 주택은 턱없이 부족하다. 여전히 새 아파트는 전용면적 60m² 소형이나 85m²의 중소형 평면이 주류다. 개발 업체나 건설사가 3인 가구 이상의 가족 단위 수요에 초점을 맞추고 있기 때문이다.

1~2인 가구들은 소형 주택(전용 60m²)보다도 훨씬 작은 40m² 이하의 초소형 주택을 선호한다. 이런 초소형 주택의 공급은 어떤 상황일까. 통계청에 따르면 서울의 총 주택은 283만 채(2016년 기준)에 이른다. 이 중에서 1~2인 가구에 적합한 전용 40m² 이하의 초소형 주택은 50만 채 정도로 약 18% 수준에 불과하다. 반면 서울의 전체 가구(378만 4,705가구) 가운데 1인 가구는 113만 8,860가구, 2인 가구

서울시 규모별 주택 수

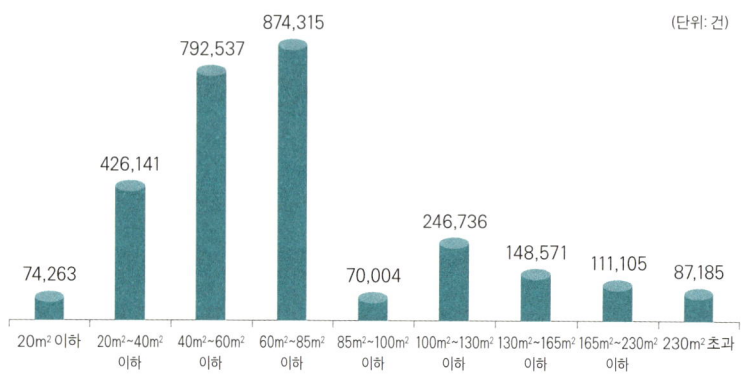

자료: 통계청(2016)

는 93만 1,262가구로 전체 가구의 54.7%에 이른다. 단순 계산으로도 1~2인 가구의 규모에 비해 초소형 주택의 수가 훨씬 적다는 걸 알 수 있다.

물론 79만 채에 이르는 40~60m^2 주택도 1~2인 가구가 거주할 만하다. 하지만 이 중에서 대부분의 주택은 60m^2 규모로 지어지는 주택이다. 상대적으로 낮은 1~2인 가구의 소득 수준을 고려하면, 이보다 작은 규모의 주택 공급이 더 시급하다.

초소형 주택의 부족 현상은 1990년대 이후로 두드러지는 추세다. 다음의 그래프를 보면 1985년까지는 30~50m^2 규모의 주택이 가장 큰 비중을 차지했으나 1990년대 이후 2010년까지 70~100m^2 규모의 주택의 비중이 크게 늘어났음을 알 수 있다.

심지어 1995년에서 2005년까지 당시 1인 가구 비중은 배 가까이 늘어났는데도 소형 주택은 오히려 감소했다. 65m² 이하 주택 재고 비율은 1985년 53%, 1995년 42%, 2005년 40%로 점차 줄어들고 있다.[11]

주택 유형 가운데 일반인들이 가장 선호하는 아파트의 사정은 더 심각하다. 1~2인 가구용 초소형 아파트 공급이 거의 없다. 전용면적 40m² 안팎의 초소형 아파트 공급량은 전체 공급량의 2% 수준에 그치는 것으로 알려져 있다.

2000년대 초반에는 중대형 아파트 붐이 불면서 주택의 규모별 수급 불균형은 한층 심화됐다. 2010년 이후의 사정도 마찬가지다. 부동산114에 따르면 전용 60m² 이하 소형 아파트는 2016년 33%로 최

주택 규모 분포의 변화 추이

자료: 통계청, 『인구주택총조사』, 1% 표본 자료(각 해당 연도)

근 10년간 가장 높았으나 이후 22% 수준으로 줄어들었다.

엄밀히 말해 이들 소형 아파트조차 1~2인 가구에 적합한 주택이라고 볼 수는 없다. 60m² 이하로 분류되는 아파트는 대부분 전용 58~59m² 크기로 건설되는 물량이다. 이들 소형 아파트는 발코니 확장 허용과 평면 설계의 다양화로 사실상 3~4인 가구를 겨냥하고 있다. 1~2인 가구에 맞는 30~40m² 아파트나 50m² 이하의 초소형 아파트는 거의 지어지지 않고 있다.

설상가상으로 뉴타운이나 재개발·재건축 사업을 통해 서울에 남아 있는 초소형 주택은 계속 철거되면서 줄어들고 있는 형편이다. 서울시에 따르면 2017년 재개발·재건축 사업으로 2만 8,383가구가 철거를 앞두고 이주했다. 2018년은 이보다 많은 3만 1,485가구에 이를

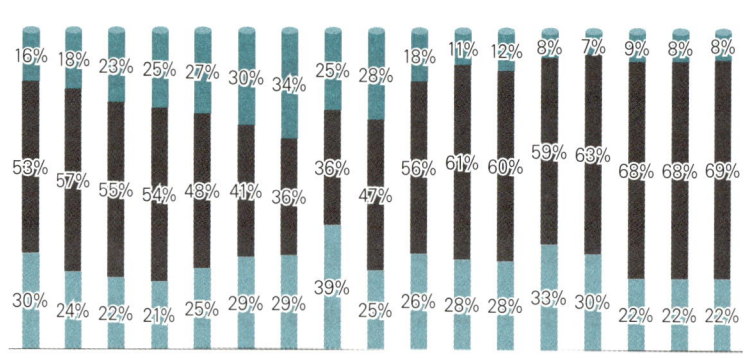

전국 아파트 전용면적 구간별 입주 물량 비중 추이

자료: 부동산114

전망이다. 이들 주택은 대부분 50m² 미만의 낡은 단독·다가구 형태의 초소형 주택들이다. 결국 지난 20여 년간 인구 구조의 변화와는 정반대로 주택이 공급된 셈이다.

그나마 아파트를 대신해 1~2인 가구 수요를 충족시키고 있는 건 오피스텔이나 도시형 생활주택이다. 오피스텔이나 도시형 생활주택은 대부분 전용면적 20~40m² 위주로 지어진다.

부동산114에 따르면 2018년 전국 오피스텔 입주 물량은 7만 9,021실에 이를 전망이다. 부동산114가 통계 집계를 시작한 1999년 이래 2004년(9만 471실) 이후 두 번째로 많은 물량이다. 2010년 입주 물량(6873실)과 비교하면 11.5배나 많다.

오피스텔 입주 물량 확대는 서울 등 수도권이 이끌고 있다. 서울

수도권 및 전국의 오피스텔 공급 추이

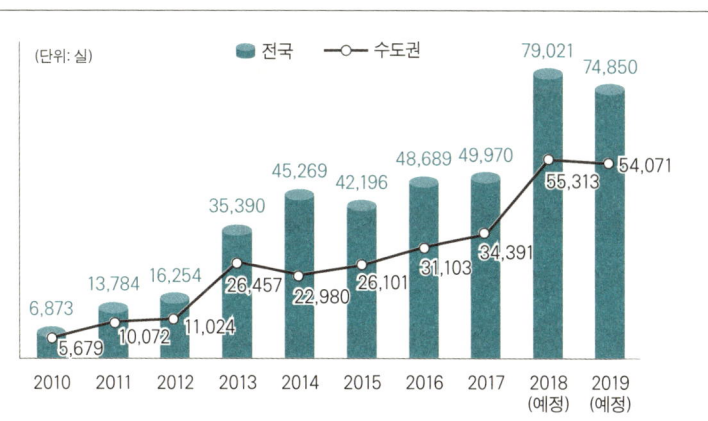

자료: 부동산114

(1만 3,400실), 경기(3만6,678실), 인천(5,235실)에서 총 5만 5,313실이 입주할 예정이다. 통계청에 따르면 서울의 오피스텔 공급량은 2010년 2012실에 불과했으나 2013년부터 급증하기 시작해 2017년에는 1만 8,150실로 급증했다. 2018년도 1만 3,439실의 입주를 앞두고 있다.

도시형 생활주택도 폭발적인 증가세를 보이고 있다. 도입 첫해인 2009년 1688채에 불과하던 초기 전국 도시형 생활주택 공급량은 2010년 2,615가구, 2011년 2만 3,975가구, 2012년 5만 3,735가구, 2013년 8만 6,120가구로 급격한 증가세를 보였다. 서울에서는 최근 5년간(2013~2017년) 약 12만 가구가 정부의 승인을 받았다.

그러나 오피스텔이나 도시형 생활주택만으로는 1인 가구의 주거 수요를 충족시키는 데는 한계가 있다. 특히 주차장 등이 열악한 도시형 생활주택의 주거 만족도는 낮은 편이다. 초소형 주택을 원하는 수요가 다양해지고 있는 만큼 단순히 크기만 줄이는 다운사이징은 한

서울 도시형생활주택 인허가 현황(단위: 호)

구분	2013.2~12	2014	2015	2016	2017
원룸형	10,290	3,814	5,155	4,339	4,830
단지형 다세대	8,750	14,714	27,306	21,903	15,808
단지형 연립	260	344	645	130	758
계	19,300	18,872	33,106	26,372	21,396

자료: 국토교통부

계를 드러낼 공산이 크다. 고소득 1인 가구를 위한 고급형 초소형 주택, 여성 가구를 위한 보안강화 주택, 노인 가구를 위한 고령친화 주택 건설 등 사용자의 편의를 반영한 차별화한 초소형 주택이 공급이 필요하다는 것이다. 초소형 주택 공급 업체에 대한 다양한 금융·세제상의 지원을 확대해야 한다는 주장이 나오는 것도 이 때문이다.

월세 시대에 맞는 초소형 주택

일본에는 '사토리족さとり族'이라는 말이 있다. 사토리는 깨달음悟을 뜻한다. 무한경쟁과 승패가 인생의 동력이 될 수 없다는 것을 깨닫고 자신만의 삶을 살아가는 데 의미를 두는 사람들이다.

돈벌이에 관심이 없고 필요 이상의 돈을 벌려고 하지 않으며 소비를 극단적으로 절약하기도 한다. 이들은 편의시설이 밀집돼 있으면서 아르바이트를 지속할 수 있는 환경을 중시해 도심에 남기를 선호하는 경향이 있다. 잃어버린 20년이 남긴 풍속도다.

사토리족은 한국의 1~2인 가구와도 일맥상통하는 측면이 있다. 1~2인 가구에는 일부 고소득자도 있지만 취업 경쟁에 시달리는 'N포 세대'나 직장 초년생 등 소득 수준이 낮은 사람들도 상당수다. 이들은 대부분 월세가 상대적으로 저렴한 초소형 주택에 거주한다. '주거비 부담 능력housing affordability'이 높지 않아서다.

 주거비 부담에 초소형 선호

주거비 부담 능력이란 1991년 UN에서 적절한 주거가 갖춰야 할 필수적인 일곱 가지 요건 중 하나로 제시한 것이다. 즉, 한 가구가 주거와 관련된 비용을 지출하고도 다른 필수적인 소비나 만족도가 희생되지 않는 수준의 주거비, 또는 필수적인 소비나 만족도를 희생하지 않고 주거비를 감당할 수 있는 가구의 능력을 뜻한다.

한국에서 주거비 부담 능력을 갖추기는 쉽지 않다. 일단 집값이 너무 비싸다. 한국감정원에 따르면 서울 아파트값은 2014년(2.25%),

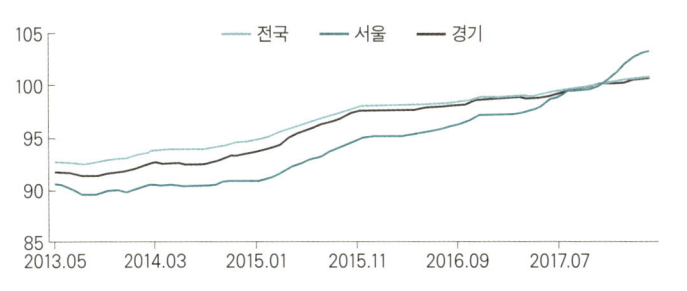

종합 주택 매매 가격지수

자료: 한국감정원(2013. 5~2018. 4)

2015년(8.05%), 2016년(3.61%), 2017년(4.91%) 등 해마다 큰 폭으로 상승하고 있다.

최근 2~3년간 분양가 대비 2배 이상 오른 단지도 수두룩하다. 예를 들어 서울 강서구 마곡지구 마곡엠밸리 5단지 전용 84m^2 아파트는 2018년 3월 9억 9,000만 원에 거래됐다. 입주 첫해인 2014년까지만 해도 분양가 수준인 4억 3,000만 원 선에 시세가 유지됐던 아파트다.

소득 수준이 높지 않은 1~2인 가구가 이런 금액을 감당하며 내 집 마련에 나서기란 현실적으로 어려운 상황이다. 8·2 부동산 대책 이후 대출 기준이 까다로워지면서 은행을 끼고 주택을 구입하는 방법도 사실상 막혔다.

혼자서 집을 장만해야 하는 1인 가구는 더욱 어렵다. 옥탑방이나 반지하, 고시원 등에 거주하는 이들을 떠올려보면 쉽게 짐작할 수 있다. 청년 1인 임차가구의 27.4%가 주택의 보증금을 지불하기 위해 가족의 지원을 받고 있다는 연구 결과도 있다.[12]

특히 주거비는 1인 가구의 소비 지출이 가장 큰 품목 중 하나다. 1인 가구의 주거비 지출은 월평균 20만 원으로 2인 가구의 13만 원(1인당)보다 많다. 1인 가구의 주거비가 높은 이유는 1인당 필요한 주거면적이 더 넓기 때문이다. 2인 이상 가구는 거실, 부엌, 화장실 등을 공유하기 때문에 1인당 필요 면적이 적다. 인구주택총조사의 주거용 연면적을 살펴보면 1인 가구의 평균 주거면적은 70m^2로 2인 가구의 1인당 주거면적 40m^2보다 75% 넓다.[13]

1인 가구는 월세시장 확산의 '기폭제'

이런 상황에서 1인 가구가 월세 시장으로 내몰리는 건 필연적이다. 1인 가구 증가란 곧 월세 시장의 확대와 같은 맥락이다.

통계청에 따르면 1인 가구 거주 유형은 월세(45.9%)와 전세(17.8%) 등 임차 유형이 64% 이상을 차지한다. 전체 가구의 임대 거주 비중(43.5%)보다 훨씬 높은 수준이다. 1인 가구의 월세 거주 비중은 2006년 96만 가구였으나 2014년에는 222만 가구로 132% 증가했다.

1인 가구 증가는 국내 임대 시장 구조를 전세 중심에서 월세 중심으로 바꾸는 촉매 역할을 하고 있다. 2010년 월세 유형은 임대주택 시장의 21.4%를 차지했으나 2014년 55.0%로 크게 증가하면서 전세 유형(45.0%)을 앞질렀다. 2016년에는 월세 유형이 60.5%까지 상승했다.[14]

가구원 수별 사가 비중(2014)과 1인 가구 섬유 형태 추이

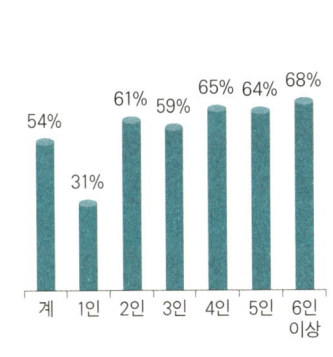
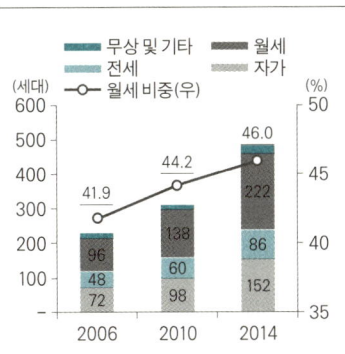

자료: 국토교통부, 「주거실태조사」(2014)

1인 가구는 주로 소형 주택에 거주하는 경향을 보인다. 주거비 부담을 낮추기 위해서다. 전용 30~40m² 안팎의 초소형 주택이나 도시형 생활주택, 오피스텔, 고시텔 등이 1~2인 가구가 가장 선호하는 유형의 주택이다.

통계청에 따르면 1인 가구가 거주하고 있는 주택의 면적은 전용면적 30m² 이하 원룸 등 초소형 주택에 40%, 30~59m² 이하의 소형 주택에 41%가 거주한다.

1인 가구의 자가 점유율이 낮고 임차 비중이 높다는 점을 고려하면 1인 가구의 증가세는 임대 시장의 성장에 직접적인 영향을 미치는 요인이다. 4~5인 가족을 표준으로 하는 국민주택 규모(전용면적 85m²)는 1인 가구의 월세형 임대주택으로 활용하기는 적합하지 않다. 2~3년 전부터 전용 59m² 이하의 아파트 분양이 많아지고 있는 것은 수요층의 이런 변화를 적극 반영한 것이다. 2016년 6월에 분양한 서울 은평구 응암동의 백련산 파크자이는 49m², 55m², 59m², 84m² 등 소형 평면 위주로 단지를 구성했다.

월세 수요 증가를 임대사업의 기회로 적극 활용하려는 투자자들도 늘어나고 있다. 앞서 대우건설의 시장 분석 자료에 나타났듯이 50세 이상의 연령층이 초소형 아파트 시장의 큰손으로 떠오른 것이 단적인 예다.

 월세 노린 임대사업자 증가세

주택산업연구원은 「미래 주거트렌드 2025」를 통해 상대적으로 수준이 높은 소득 4~5분위에서 임대수익 부동산에 대한 구매 의사가 높으며 다가구주택, 또는 상가주택 등의 구매를 통해 임대수익과 주거 안정을 동시에 꾀하는 현상이 확산될 것으로 전망했다.[15]

1인 가구 증가와 주택 가격 상승으로 인한 월세 주택의 확산은 필연적이지만 변수가 있다. 금리의 움직임이다. 2008년 금융위기 이후 한국을 비롯한 전 세계 금리는 제로금리 수준까지 떨어지는 장기 저금리 기조를 지속해왔다. 그러나 저금리 효과로 인한 자산 거품의 위험성이 점차 높아지면서 금리는 급격한 속도는 아니지만 다시 오르는 추세다.

일반적으로 주택을 보유한 소유자 입장에서는 금리가 높으면 전세를, 반대로 금리가 낮으면 월세를 선호하는 경향이 있다. 금리가 낮아 은행의 대출 문턱이 낮아지면 굳이 전세를 놓아 투자금을 조달할 필요가 없어지기 때문이다. 하지만 10년간의 장기 저금리 시대는 이제 막을 내릴 조짐이다. 저금리 시대와 맞물린 1인 가구 증가로 전세 시장의 월세 전환 속도가 가팔랐지만, 금리 상승기를 맞아 이 속도는 당분간 완만해질 가능성이 크다.

서울부동산정보광장에 따르면 서울의 2018년 1~2월 누적 월세 거래량(9,458건)은 2017년 동기 1만 2,027건의 78% 수준으로 감소했다. 또 전월세 거래량 중 월세 비중은 2014년 38.8%에서 2015년 (42.2%) 40%대에 진입했다. 이후 2016년 43.3%까지 올랐지만 2017년엔 42.5%로 다시 줄었다. 2017년 연간 거래량 조사에서도 전세는 전년 대비 2.5% 증가했지만 월세는 오히려 0.6% 감소했다. 금리 상승 등의 영향으로 월세의 매력이 그만큼 줄어든 탓이다.

한국감정원이 2018년 1월 신고 기준 실거래 정보를 토대로 전월세 전환율을 산정한 결과, 서울 아파트의 전월세 전환율(4.0%)은 전월 대비 0.1%포인트 내려앉아 10개월 만에 하락 전환했다. 전월세 전환율은 전세금을 월세로 전환할 때 적용하는 비율이다. 임대인 입장에서 전환율이 떨어지면 집을 월세로 내놓았을 때의 기대 수익률이 하락한다는 의미다.

물론 1인 가구나 2인 가구 증가에 따른 임대 수요는 여전히 풍부한 상황이다. 그러나 저금리 시대가 끝나가고 있어 과거 수년간 호황을 누렸던 수익형 부동산의 인기가 그대로 유지되기는 어려울 전망이다. 임대사업을 고려하는 사람들이라면 좀 더 안정적인 투자처를 선별하는 데 신경을 써야 할 상황을 맞게 된 것이다.

도시 집중이
초소형 시대 앞당긴다

초소형 열풍은 1인 가구 증가뿐 아니라 서울 등 수도권으로 밀려드는 인구의 도심 집중화 현상과도 무관치 않다. 비좁은 도시에 많은 인구가 거주하려면 마이크로 스페이스micro-space는 필연적이다.

서울, 경기, 인천을 묶은 수도권의 인구 집중화 현상은 심각하다. 국토 면적의 11.8%에 불과한 수도권에 전체 인구의 절반이 거주하고 있다. 2016년 기준 수도권 인구 집중도는 49.5%에 이른다. 전체 인구 5,127만 명 중 2,539만 명이 수도권에 거주한다. 두 명에 한 명꼴로 수도권에 살고 있다는 얘기다.

이 중에도 서울의 인구 밀도는 세계 최고 수준이다. 2016년 기준 『서울통계연보』에 따르면 단위면적(1km²)당 인구는 1만 6,861명이다.

단위면적(1km²)당 인구 밀도

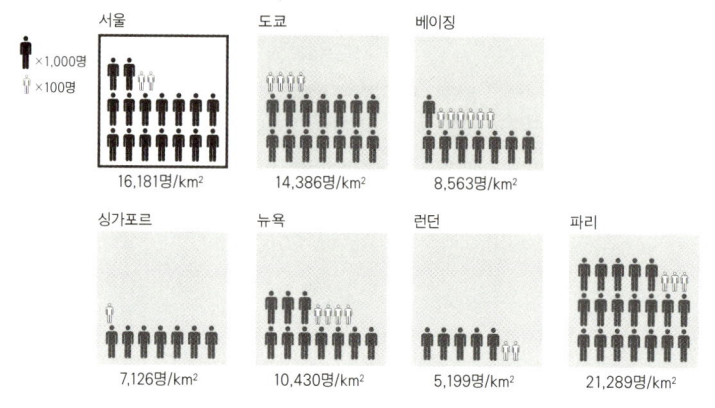

자료: 서울연구데이터서비스(http://data.si.re.kr/2015br10-population-density)

이 같은 서울의 인구밀도는 1987년(1만 6,503명) 이후 30년 만에 가장 낮은 수준이긴 하지만 여전히 세계에서 가장 빽빽한 도시에 속한다.

최신 통계는 아니지만, 2010년에 조사된 세계 주요 도시들의 인구 밀도는 서울에 비해 낮다. 인구 밀도가 높은 도시로 잘 알려진 도쿄조차 1km²당 1만 4,386명이었다. 또 베이징은 8,563명, 싱가포르 7,126명, 뉴욕 1만 439명 등으로 서울에 훨씬 못 미친다. 당시 서울의 인구밀도(1만 6,181명)보다 높은 인구 밀도를 보인 곳은 파리(2만 1,289명) 정도였다.[16]

토지주택연구원에 따르면 2030년까지 수도권과 중부권의 인구는 증가하는 반면 영남권과 호남권의 인구는 감소할 전망이다. 서울은 2010년 대비 2030년까지 15만 명이 증가하고 총 인구수 증가율

연도별 수도권 인구 및 구성비

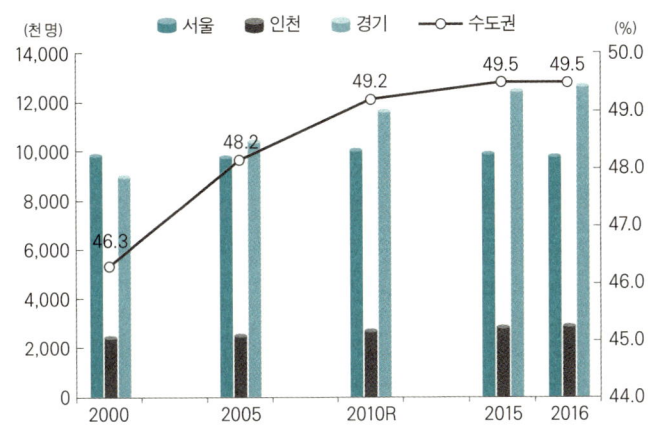

자료: 통계청, 『2016 인구주택총조사』(2017).

은 1.5%가 된다. 또 이 기간 인천은 약 35만 명이 증가(총 인구 증가율 12.8%)하고 경기도는 185만 명이 증가(총 인구 증가율 16.0%)할 것으로 보인다.[17]

기업·일자리 수도권에 몰려

서울 등 수도권의 인구 밀도가 높은 까닭은 간단하다. 일자리를 찾기가 상대적으로 쉽기 때문이다. 한국거래소에 따르면 LG전자, 삼성전자 등 상장회사 1947곳의 72.3%인 1408곳이 수도권에 본사를 두고 있다. 각 지역별로 살펴보면 서울 809곳(41.6%), 경기 532곳(27.3%),

인천 67곳(3.4%) 등이다. 전체 시가 총액의 86%가 수도권에 몰려 있는 셈이다.[18]

기업들이 도시에 머물면서 비싼 인건비와 토지비를 감당하려는 유일한 이유는 도시가 그런 비용을 상쇄하는 생산성의 이점들을 만들어주기 때문이다. 인구 100만 명 이상이 모여 사는 메트로폴리탄 지역에 거주하는 미국인은 소규모 메트로폴리탄 지역에 거주하는 미국인에 비해 평균 50% 이상 생산성이 높다.[19]

기업들로서는 이런 장점을 최대한 활용할 수밖에 없다. 기업과 일자리의 수도권 집중에 따른 도심 집중 현상은 갈수록 두드러지는 추세다. 정부는 국토 균형 발전을 위해 서울 등 수도권 과밀 현상을 완화시키고자 여러 정책 수단을 활용하고 있지만 늘 한계에 부딪치고 있다.

도심 집중화는 한국만의 특수성이 아닌, 세계적인 현상이다. 도시화가 가속되면서 특정 도시의 인구 집중 현상은 더욱 심화되고 있다. 오늘날 전 인류의 절반 이상은 도시에서 생활한다. 1950년대에는 100만 명 이상 거주 도시가 83곳에 불과했지만 2007년에는 468곳으로 크게 증가했다.[20] UN에 따르면 약 30억 명 정도가 도시에 거주하고 있다. 2030년에는 전 세계 인구의 60%인 50억 명이 도시에 거주할 전망이다.

메가시티 현상도 가속화

현대 도시화의 특징 가운데 하나는 거주 인구가 1,000만 명이 넘는 '메가시티mega city'가 빠르게 증가하고 있다는 점이다. 도시화가 진행될수록 일자리나 사업 기회, 편의시설 등을 찾아 점점 더 많은 사람들이 모여들고 있다. 하나의 거점 도시가 많은 사람과 자원을 빨아들여 인구와 영역이 거대화되는 현상이다. 2025년에는 전 세계에 29개의 메가시티가 등장할 것으로 관측되고 있다.

서울도 사실상 메가시티에 속한다. 서울의 인구는 2016년 기준 980만 명이다. 1990년부터 2014년까지는 1,000만 명을 넘었다. 2015년(990만 명) 이후 인구가 감소하기 시작했으나 여전히 경제와 산업, 금융이 집중된 세계적인 도시의 규모를 유지하고 있다.

메가시티에는 고등교육을 받은 인적 자본이 집중되기 마련이다. 정보통신IT 설비 및 교통, 통신 등 미래 지식경제 시대 가치 창출에 필수적인 다양한 사회 기반시설infrastructure도 잘 갖춰져 있다.

도시화의 가속화, 즉 수도권의 인구 집중 현상이 1~2인 가구 증가라는 시대 조류와 맞물리면서 주거 공간의 변화도 불가피해지고 있다. 이 중에서 1인 가구의 증가세는 더욱 가파르다. 통계청의 『장래가구추계』에 따르면 현재 27.2%를 차지하는 1인 가구는 2045년 36.3%로 증가할 전망이다.

나 홀로 가구, 혹은 맞벌이 부부 형태의 1~2인 가구들은 직장과 거리가 가까운 '직주근접'의 주거지를 선호한다. 도심 거주에 대한 수요 증가와 늘어나는 1~2인 가구를 모두 충족시키는 접점은 주택의 초소형화일 수밖에 없다.

치솟는 땅값, 초소형이 대안

인구 밀도가 높고 가용 토지가 부족한 도시는 땅값이 올라간다. 초소형 주택은 건설비용을 낮춰 주거비 부담을 낮춘다는 점에서도 불가피한 선택이다. 1~2인 가구가 크게 늘고 있는 선진국도 마찬가지다. 노르웨이, 덴마크, 핀란드, 독일, 스위스 등은 10가구 중 4가구 이상이 1인 가구다.[21] 영국 29.2%(2013년), 미국 27.5%(2012년), 일본 32.4%(2010년) 등도 1인 가구 증가 속도가 빠른 편이다.

홍콩에는 집값이 치솟으면서 면적이 11m^2(3.4평)에 불과한 초소형 아파트가 등장했다. 카오룽 반도 서북쪽 삼수이포 지역에서 분양되는 이 아파트는 방 1개와 욕실, 부엌만 갖추고 있다. 20피트짜리 컨테이너(약 11.7m^2)보다 규모가 작다. 앞서 언급했듯이 홍콩에서는 '나노 플랫', '캡슐 홈', '슈박스 홈' 등으로 불리는 초소형 아파트(면적 20m^2 이하)가 갈수록 늘고 있다. 2013년 전체 아파트의 1% 정도였던 초소형 아파트 비중은 2017년 4%로 늘었다. 초소형 아파트 건설이 늘어나는 건 홍콩 집값이 가파르게 오르면서 소비자가 큰 집을 사기가 어

일본의 콤팩트 맨션 사례와 코하우징 사례

개발 회사	Park Luxe	QualiA	INITIA IO
개발 회사	미쯔이 부동산	도큐 부동산	코스모스
규모	12층 /65세대	14층 /59세대	14층 /51세대
면적 (m²)	23~56	41~67	34~52
가격	3.7~ 4천만 엔	–	2.8~ 4.7천만 엔
컨셉	싱글 여성 겨냥	디자인& 퀄리티	스타일
주차 /평면	5대/원룸, 2LDK	11대 /1~3LDK	6대/원룸, 1LDK

• LDK(거실, 식당, 부엌)

• 각 섹션별로 3~4세대의 1인 가구가 함께 거주. 독립 화장실을 보유하며 공용시설 및 옥외 공간은 공동 사용

자료: 권윤지, 「미래형 소형 주택의 적용성에 관한 연구」(2009)(좌); westbro(우)

려워졌기 때문이다. 2018년 2월 홍콩의 평균 아파트 가격은 1년 전보다 16% 오른 평방피트(약 0.09m²)당 1만 2,644홍콩달러(약 172만 원)다. 3.3m²로 환산하면 대략 6,300만 원에 달한다.[22]

일본에서도 2000년대 들어 도심 역세권을 중심으로 전용면적 30~50m²대의 초소형 아파트가 붐이다. 이른바 '콤팩트 맨션'이다. 신축 맨션이 지금은 4만 호로 줄어든 와중에도 이 중 15%가 콤팩트 맨션이다. 좁은 만큼 가격 부담이 적어 경쟁력을 갖추고 있다. 젊은 맞벌이 부부들이 감당할 만한 가격대다. 24시간 경비 시스템, 보안 시

설, 청소 서비스 등이 제공되면서 40대 전후 독신 여성들도 주요 매수자로 등장했다.[23]

1970년대 덴마크에서 주로 독거노인을 대상으로 시작된 '코하우징Co-housing'(주거공동체)도 최근 높은 주거비 등에 시달리는 30~50대 1인 가구를 위한 주택으로 확산되는 추세다. 3~4세대의 1인 가구가 함께 거주하는 셰어하우스의 한 형태다. 독립 화장실을 보유하며 공용시설 및 옥외 공간은 공동으로 사용한다.

3장

초소형 부동산을 소비하는 1~2인 가구

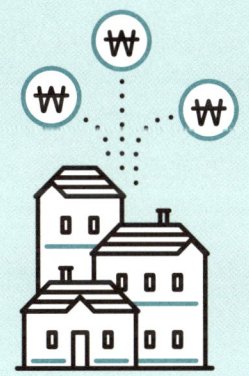

초소형 부동산의 핵심 수요층인 1~2인 가구는 뚜렷한 그들만의 특징이 있다. 거주하는 지역, 선호하는 주택의 종류, 라이프스타일 등에서 다인多人 가구와는 구별된다. 이들의 주거 소비 형태는 초소형 부동산 시장을 좌우하는 핵심 변수다. 1~2인 가구의 성향은 소득 수준과 연령대별로도 각각 다르다. 지피지기知彼知己야 말로 투자의 성패를 가르는 첫 단추다.

01
1~2인 가구는
누구이며 어디에 사나

1~2인 가구의 주거 소비 성향은 초소형 주택을 공급하는 개발 업체나 임대사업을 염두에 둔 투자자에게 중요한 관전 포인트다. 우선 1인 가구부터 살펴보자.

통계청의 『2016 인구주택총조사』에 따르면 1인 가구는 전 연령대에 고루 퍼져 있다. 20대(17.2%), 30대(17.6%), 40대(15.6%), 50대(16.9%), 60대(13.8%), 70대 이상(17.8%) 등이다. 성별로는 여성 1인 가구의 수가 남성보다 다소 높다. 2016년 남성 1인 가구 수는 약 268만 가구인 반면, 여성 1인 가구 수는 약 272만 가구로 나타났다. 여성 1인 가구 중에는 70세 이상의 비중이 가장 높고, 남성 1인 가구는 30~39세 사이의 연령대에 많이 분포하는 특징을 보인다.

성별·연령별 1인 가구 비율(2016)

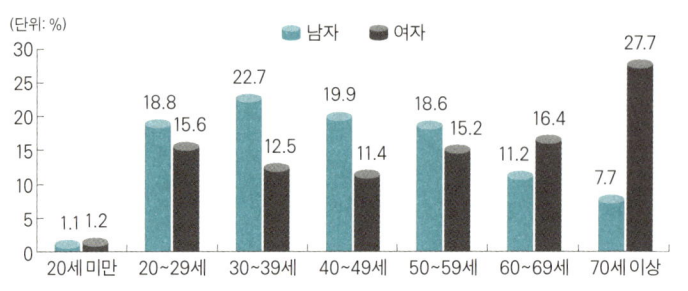

자료: 통계청, 『2016 인구주택총조사』(2017)

1인 가구가 거주하는 지역은 수도권이나 지방이나 큰 차이가 없다. 시도별로 고른 분포를 보인다. 강원도가 전체 1인 가구의 32.1%를 차지하지만 서울(30.1%), 경기(23.8%), 인천(23.9%), 세종(30.6%), 충북(30.3%), 전남(31.2%), 부산(27.7%) 등 비슷한 양상을 띤다. 다만 세종과 충북의 1인 가구 증가율이 2015년 대비 1.5%포인트로 가장 높았다. 세종시로 이전한 정부 부처, 관련 기관 등에 따라 기러기 형태의 1인 가구가 늘어난 때문으로 풀이된다. 지방의 1인 가구는 주로 노인들이라는 분석이 지배적이다.

 서울의 1인 가구 메카는 대학가

서울에서 1인 가구가 거주하는 지역은 시기별로 변화하는 양상을 띤다. 서울시의회가 2015년 분석한 「서울특별시 1인 가구 대책 정책 연구」에 따르면 1990년에 1인 가구가 많이 분포한 곳은 구로구, 성동구, 성북구, 도봉구 등이었다. 10년이 지난 2000년에는 강남구에 가장 많은 3만 4,667가구가 거주했다. 다음으로 관악구(2만 9,256가구), 송파구(2만 6,606가구), 동대문구(2만 6,498가구) 등으로 바뀐 구도를 보여준다. 또 다시 10년이 지난 2010년에는 관악구(8만 4,000가구)가 1인 가구의 메카로 올라섰다. 이어 강남구(5만 9,000가구), 송파구(4만 2,000가구) 등이었다.

『2016 인구주택총조사』 결과에서도 관악구의 1인 가구 거주 비율이 가장 높았다. 서울시 전체 1인 가구(113만 8,860가구) 중에서 관악구가 10만 3,972가구로 압도적인 1위를 차지한다. 관악구 다음으로 1인 가구가 많이 거주하는 지역은 강남구(6만 1,998가구), 강서구(6만 988가구), 송파구(5만 4,409가구), 성북구(5만 4,117가구), 광진구(5만 3,169가구), 마포구(5만 3,382가구) 등이다.

관악구는 각종 국가고시 등 공무원 시험을 준비하는 고시원이 많은 곳이다. 강남구 일대나 강서구, 마포구 등은 출퇴근이 용이한 직주근접형 주거 지역이라는 점에서 20~30대 청년층 1인 가구의 선호 지역으로 꼽힌다. 실제 1인 가구를 밀집시키는 요인으로는 코스닥 상장기업 수, 임대주택 수, 40~60m²의 소형 주택 수와 20m² 이하의 초소형 주택 수 등으로 분석된 바 있다.[24]

서울에서 1인 가구가 몰려 있는 곳을 좀 더 세부적으로 들여다보

서울 자치구별 1인 가구 분포 현황

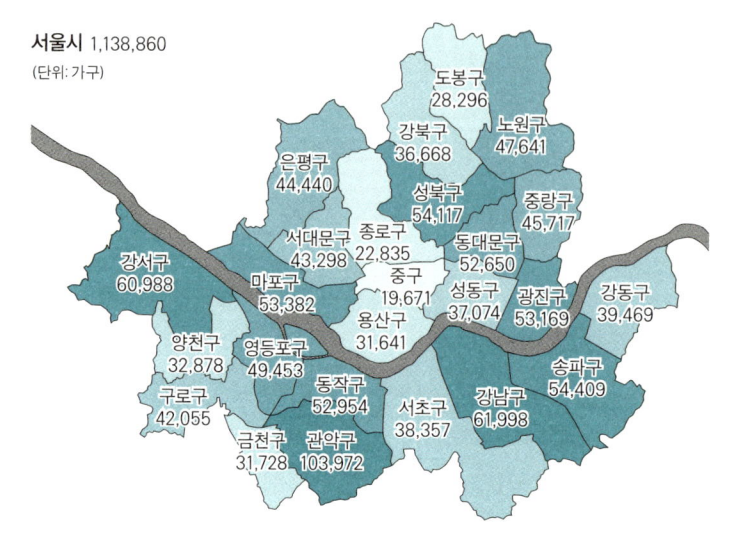

자료: 통계청

자. 통계청에 따르면 관악구에서는 서울대 인근의 신림동, 서원동, 서림동, 대학동, 청룡동 등이 1인 가구 밀집 지역이다. 단독주택이나 고시원이 상대적으로 많은 지역이다.

구로가산디지털단지, 노량진, 홍대 주변의 합정·서교동, 종로, 성균관대 주변, 고대-성신여대 인근, 경희대-외국어대 인근, 한양대 인근, 세종대-건국대 인근, 강남 역삼동 일대 등도 1인 가구가 많이 분포하는 곳이다. 건국대 인근 화양동은 총 1만 5,466가구 중 1인 가구가 1만 1,126가구로 72%나 차지하고 있다. 서울대 인근인 신림동과 연세대 인근인 신촌동 등도 1인 가구 비율이 70% 안팎에 이른다.

이들 지역은 대부분 대학가나 업무 지역 인근으로 상업 업무 기능이 집적돼 있고 지하철 접근성이 좋다는 특징이 있다. 1인 가구는 주거의 쾌적성이나 질質적인 측면보다는 생활의 편리성이 우수한 지역을 더 선호한다는 점을 엿볼 수 있다.

2인 가구는 업무 지역 인근 선호

2인 가구의 분포 지역은 1인 가구와는 조금 차이가 있다. 2인 가구는 주로 부부 가구다. 60세 이상 고령층의 부부 가구가 가장 많은 편이고 30대나 50대의 청·장년 부부도 상당수다. 이혼율 증대에 따른 한 부모 가구도 다수다.

2인 가구가 밀집해 거주하는 서울 시내 주거지의 핵심 유형은 '고용 중심지 인접 주거지'다. 예컨대 30대 2인 가구는 상계8동, 구로1동, 양평1동, 소공동, 구로3동, 삼전동, 역삼1동에 거주하는 비율이 높다. 60대 이상 고령 2인 가구는 잠실7동, 문정2동, 번3동, 반포본동, 종로 5~6가동 등에 많이 거주한다.[25] 반면 화양동 등 대학가 주변에는 2인 가구 거주 비율이 낮은 편이다.

1인 가구와 마찬가지로 2인 가구도 지속적으로 늘어날 전망이다. 통계청은 2016년 기준 506만 가구(26.2%)인 2인 가구가 2045년에는 780만 가구(35.0%)로 증가할 것으로 예상하고 있다. 이 무렵

36.3%를 차지할 1인 가구와 함께 1~2인 가구가 전체 가구의 71.3%에 이르는 초소형 가구 시대가 보편화되는 셈이다.

통계청은 향후 30년간 모든 시도에서 2인 가구 비중이 증가할 것

시도별 2인 가구 증감률(2015 대비 2045)

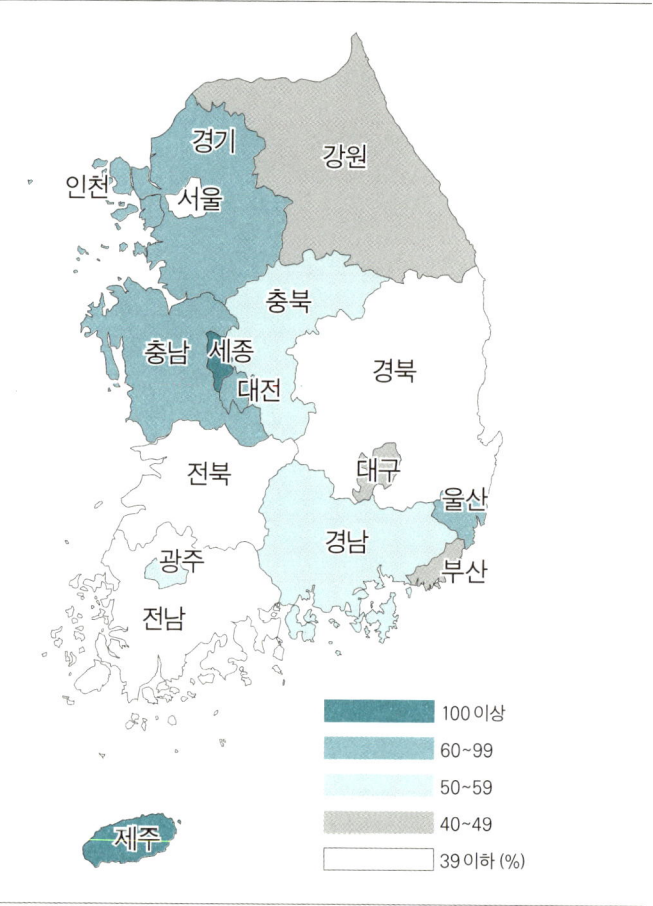

자료: 통계청, 『장래가구추계 시도편: 2015~2045』

이며, 연령별로는 60세 이상의 2인 가구 비중이 60세 이하보다 더 늘어날 것으로 내다보고 있다. 예를 들어 세종, 제주, 인천, 울산, 경기 등 5개 시도의 60세 이상 2인 가구는 지금보다 3배 이상 증가할 전망이다.

1~2인 가구의
주거 소비·투자 성향

1인 가구는 대부분 세입자다. 2015년 통계청 현장조사 결과를 보면 서울의 1인 가구 가운데 자가自家 주택(18.2%)과 관사·사택에 사는 무상 가구(4.5%)를 제외한 나머지 77.3%가 전세나 보증부 월세, 사글세 등의 임차 형태로 거주한다.

1인 가구의 자가 보유율은 60~70대에서는 상대적으로 높은 편이지만 젊을수록 떨어지는 특징을 보인다. 청년층 1인 가구가 초소형 주택의 핵심 임차인이라는 뜻이다. 1인 가구는 지속적으로 증가할 것으로 예상되고 있는 만큼 향후 임대 시장 성장에 직접적인 영향을 미칠 전망이다.

2017년 10월 국회 입법조사처가 발간한 보고서 「청년층 1인 가구의 주거 현황 및 시사점」에도 이런 특징이 잘 드러난다. 청년층 1인 가구 중 20~29세 청년의 65% 이상이 월세에 거주하고 있으며, 매달 20만~40만 원의 임차료(보증금 없는 월세)를 지불하고 있는 것으로 나타났다. 또 청년층 1인 가구는 대부분 40m² 이하의 단독·다세대 주택에 거주하고 있고 고시원, 오피스텔, 기숙사 등 주택 이외의 거처에서 사는 1인 가구도 10~15%를 차지했다.

욜로-청년층, "빌려서 산다"

청년 1인 가구가 주로 임차인으로 거주하는 이유는 소득 수준이 높지 않기 때문이다. 아직은 주택을 구입할 만한 여력이 갖춰지지 않은 시기다. 이른바 욜로 현상도 자가 소유보다는 임차 형태의 거주를 부추기는 이유로 꼽힌다.

주택을 구입하려면 일단 허리띠를 졸라매야 하는 것이 기성세대들의 관념이지만, 이들은 주로 해외 여행이나 매일 4,000~5,000원짜리 커피를 사 마시는 취미에 돈을 아끼지 않는다. 주택 구입에 들어가는 비용보다 평소 해보고 싶었던 '버킷리스트bucket list'에 쏟아붓는 것에 더 많은 가치를 둔다.

렌털 서비스에 대한 수요가 커지고 있는 것도 이런 소비 심리와 무관치 않다. 무조건 소유하는 것보다 일시적 소유나 사용 가치를 높게

**1인 가구 점유 형태 변화(2006 → 2016, 좌),
1인 가구와 다인 가구의 주거 유형 비교(2016, 우)**

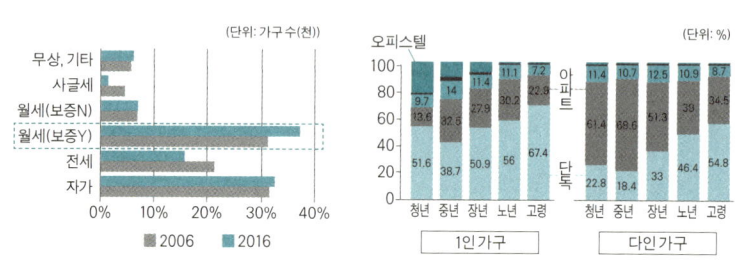

자료: 국토연구원

여기는 성향이 강해지고 있어서다. 주택에서도 소유 의식이 강한 전통적인 주거 관념에서 벗어나 사용 가치, 즉 거주 가치를 우선시하는 경향이 강해지고 있다. 이와 같은 변화를 잘 보여주는 청년들의 거주 형태가 '셰어하우스'다.

"욜로 현상이 한국 사회에서 널리 확산되고 있는 핵심에는 돈과 시간의 만성적 부족과, 향후에도 지금보다 나아질 가능성이 높지 않다는 비관적인 전망이 놓여 있다"[26]는 시각도 있다. 역설적이지만 1인 가구도 당장 실현이 어려울 뿐 자가 소유 자체를 부정하지는 않는다는 것이다. 실제로 KB금융지주 경영연구소가 실시한 설문조사[27] 결과에 따르면 1인 가구 10명 중 4명은 향후 주택 구입 계획이 있으며, 혼자 사는 것에 대한 만족도가 높을수록 주택 구입 의향도 높게 나타났다.

서울의 1인 가구는 청년층이 두텁다는 것이 특징이다. 총 113만

8,860가구 중에서 25~29세가 16만 9,534가구(14.9%), 30~34세가 15만 2,434가구(13.4%)로 다른 연령대에 비해 높은 비율을 차지한다. 대부분 취업 준비생이거나 갓 취업한 상태로 자산 형성을 시작하는 단계다. 이들은 향후 소형 주택의 주요 구매자가 될 수 있다. 노년층은 이미 형성된 자산을 유지하거나 축소를 고려하는 계층이므로 핵심 구매 수요자가 되긴 어렵다.

1인 가구도 아파트 선호

1인 가구가 가장 희망하는 주거 형태는 아파트다. 2016년 실시된 한 설문 조사[28]에 따르면 30대 사무·서비스·판매직, 40~50대 전문직·자영업자·미혼·이혼자, 20대 학생·저소득층 등의 1인 가구 모두 주거 유형으로 소형 아파트를 가장 선호하는 것으로 나타났다.

현재 1인 가구의 거주 형태를 봐도 아파트 선호 현상을 엿볼 수 있다. 통계청 『2016 인구주택총조사』에 따르면 1인 가구가 거주하는 주택의 유형으로는 아파트가 27.9%로 가장 많다. 다가구주택도 27.3%로 아파트와 비슷한 수준을 보이고 있다. 나머지는 일반 단독주택(14.8%), 다세대주택(8.7%) 등이다.

다음 그래프에 나오는 1인 가구의 거처 유형을 보면, 2015년 대비 2016년 다세대주택의 증가율이 8.3%로 비교적 높은 편이다. 이는 도

1인 가구의 거처 유형

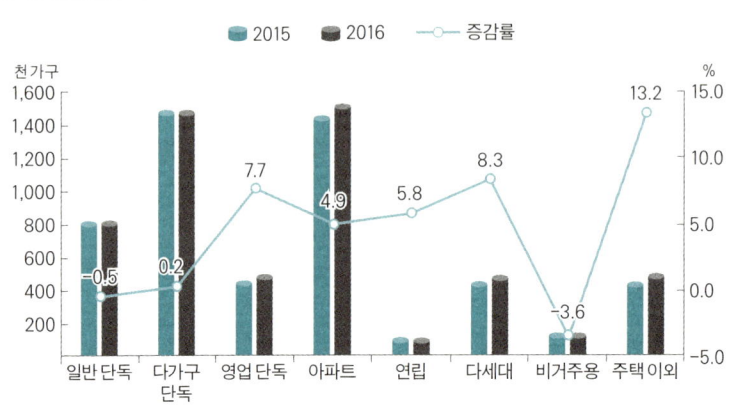

자료: 통계청

시형 생활주택 공급이 크게 늘어난 데 따른 결과다. 반면 일반 단독주택은 −0.5%로 1년 사이 더 줄어든 것으로 나타났다. 서울 곳곳에서 재개발 사업이 활발히 진행되면서 낡은 소형 단독주택이 대거 멸실되고 있는 상황에 따른 현상으로 보인다.

오피스텔이 속한 '주택 이외' 항목도 1년 사이 13.2% 증가하면서 눈에 띄는 변화를 보여준다. 아파트 못지않게 오피스텔도 청년층의 선호도가 높은 주거 형태라는 것을 짐작할 수 있다.

매력적인 임차인은 누구?

1~2인 가구가 전체 인구의 절반을 넘었고, 또 대다수가 임차인들이라고 해서 주택 임대사업이 대박이라는 환상을 가져서는 곤란하다. 임대료를 척척 낼 만한 1~2인 가구는 사실 일부에 그친다. 1~2인 가구의 소득 수준이 3~4인 가구에 비해 낮은 까닭이다.

1인 가구를 대상으로 한 통계청의 『2015년 가계금융복지조사』 결과에 따르면 연소득 1,200만 원 미만의 저소득 비중이 50.6%다. 다시 말해 1인 가구 절반은 매달 100만 원이 채 안 되는 소득으로 살아가는 빈곤층이다. 소득 10분위 기준으로 소득 1~4분위에 해당하는 저소득층 비중이, 일반 가구는 59.1%인 데 비해 1인 가구는 93.4%에 이른다.

1인 가구 소득 구분별 현황 (단위: %)

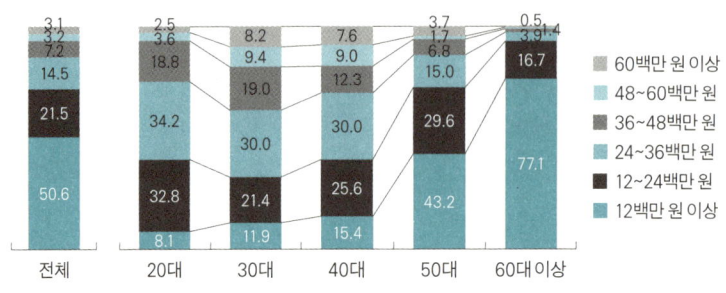

자료: 통계청, 「가계금융복지조사」(2015)

　연소득 1,200만~2,400만 원을 받는 1인 가구는 21.5%, 2,400만~3,600만 원은 14.5% 등이다. 이들은 임대사업자에게는 핵심 수요층일 수 없다. 한국보건사회연구원에 따르면 1인 청년 가구의 73%가 임대료 과부담에 허덕이고 있다.[29]

　일정한 직업 없이 아르바이트와 같은 임시직으로 생계를 유지하는 사람들을 일컫는 '프리터족'이 늘고 있는 것도 이런 통계를 뒷받침한다. 취업전선을 맴도는 20~30대 청년층이나 빈곤 노년층의 상당수가 이런 방식으로 생계를 유지하고 있다.[30]

　상대적으로 고소득자에 속하는 연소득 4,800만 원 이상의 1인 가구 비중은 6.3%이다. 이른바 '화려한 싱글'이라고 부를 만한 독신남녀는 100명 중 6~7명 선에 불과하다는 얘기다.

　다만 연령대에 따라 연소득 수준은 조금씩 차이가 있다. 4,800만 원 이상의 고소득 비중은 30대에서 17.6%로 가장 많고, 이어 40대

1인 가구의 주거 형태(총 1인 가구 수 = 111만 4,964가구)

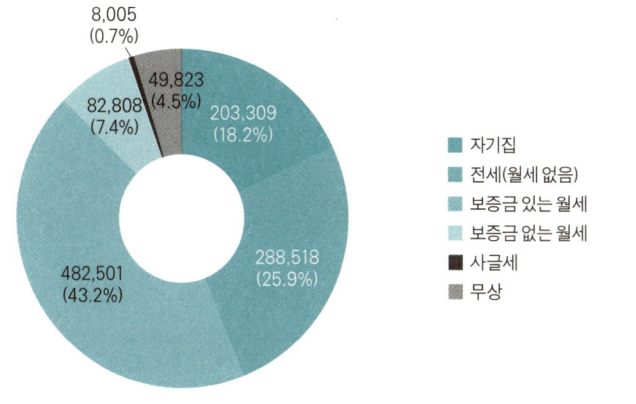

자료: 통계청, 『점유 형태별 1인 가구』(2015)

16.6%, 20대 6.1% 순이다. 1200만 원 미만 저소득 비중은 노년층에서 높게 나타난다. 50대가 43.2%, 60대가 77.1%이다.

따라서 상대적으로 고소득 비중이 높은 30~40대 1인 가구가 초소형 주택의 임대 시장에서 가장 매력적인 임차인이라고 볼 수 있다.

1인 가구 80% 이상이 임차인

1인 가구는 80% 이상이 임차 가구다. 자기 집을 갖고 있는 1인 가구는 18.2%에 그친다. 임차 형태는 월세 비중이 높다. 보증금이 있는 월세 가구가 점유 형태 중 가장 많은 43.2%를 차지한다. 보증금 없는

점유 형태별 전·월세 금액(단위: %)

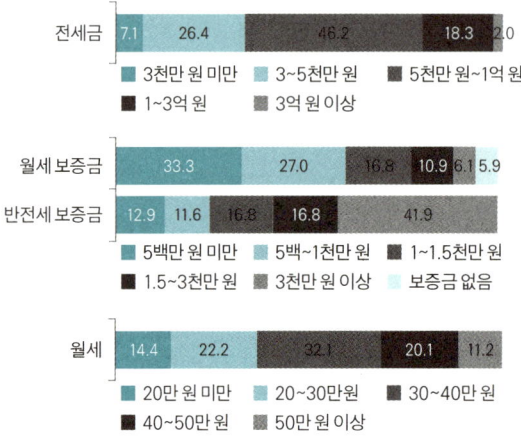

자료: KB국민은행, 「한국 1인 가구 보고서」(2017)

순수 월세 가구는 7.4%, 전세 가구는 25.9%의 비중을 보이고 있다.

1인 임차 가구가 지불하는 임대료는 얼마나 될까? KB국민은행이 2017년 내놓은 「한국 1인 가구 보고서」에 따르면 전세금 규모는 '5,000만~1억 원'이 46.2%로 가장 많았다. 또 '3,000만~5,000만 원'은 26.4%, 1억 원 이상은 20.3% 수준이었다.

월세 가구의 54.3%는 월평균 20~40만 원의 월세를 내는 것으로 나타났다. 이밖에 40만 원 이상은 31.3%, 20만 원 미만은 14.4%였다. 또 현재 거주 주택의 전세금 및 월세 보증금을 자신의 돈으로 마련한 비중은 58.3%에 달했다. 대출을 받아 임대료를 지불한 비중은 17.0%였으며 부모님의 도움(30.5%)을 받아 장만한 비율도 적지 않았다.

**1인 가구와 다인 가구의 소득계층 비교(2006 → 2016, 좌),
1인 가구와 다인 가구의 학력 수준 비교(2016, 우)**

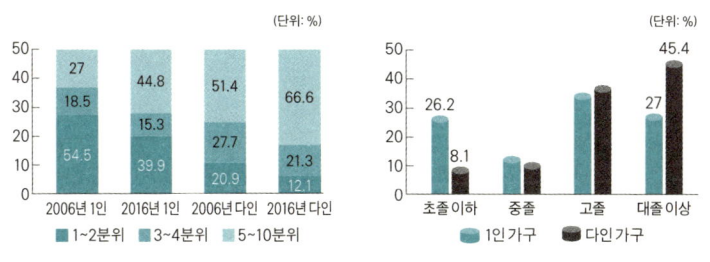

자료: 국토연구원

2인 이상의 다인 가구는 1인 가구보다는 소득이 높은 편이다. 삼성경제연구원에 따르면 2012년 기준 1인 가구의 월평균 실질처분가능소득은 112.5만 원으로 2인 이상 가구 소득(균등화 소득 기준)의 65.2% 수준이었다. 1인 가구의 소득 증가율도 2008년 금융위기 이후 5년 연속 2인 이상 가구 수준을 밑돌았다.[31] 1인 가구의 상당수를 차지하는 청년층 및 고령층 가구의 소득 부진 심화가 주된 배경으로 꼽힌다. 실제로 위에 있는 그래프에서 보듯, 다인 가구는 1인 가구에 비해 저소득층의 비중은 낮은 반면, 중소득층과 고소득층의 비율이 훨씬 높다.[32] 거주 공간도 1인 가구보다는 조금 큰 주택을 선호하는 경향이 있다.

LG경제연구원은 소득 수준에 따라 1~2인 가구가 거주하는 주거 형태를 크게 ① 고소득 젊은 층 ② 고소득 시니어 ③ 저소득 젊은 층 ④ 저소득 시니어 등 4그룹으로 분류했다.[33] 2010년의 보고서라 지금의 트렌드와 조금 차이가 있을 수 있지만 소득 수준과 연령에 따라 주거 형태가 달라질 수 있다는 관점을 제시했다는 점에서 참조할 만하다.

이 보고서에 따르면 고소득 젊은 층은 고급 오피스텔이나 도시 근교 소형 세컨드 주택에 거주하는 집단이다. 고소득 시니어용 주택은 시니어타운이나 전원의 세컨드 주택, 고급 아파트로 분류했다. 저소득 젊은 층에 알맞은 주택으로는 도시형 생활주택, 부분임대아파트, 고시원·하숙집 등을 꼽았다. 저소득 시니어들에게는 요양원과 공동생활 주택 등을 제시했다.

학력별 거주 형태도 달라

1인 가구들은 학력에 따라 단독주택과 아파트 거주 비율이 뚜렷하게 대비되는 특징을 보이기도 한다. 먼저 자가自家의 경우 고졸 이하의 학력을 가진 1인 가구가 단독주택에 거주하는 비율이 67.6%로 높다. 반면 대학 이상의 학력을 가진 1인 가구가 단독주택에 거주하는 비율은 18%로 낮은 대신, 아파트 거주 비율이 70.1%로 높은 편이다.[34]

임차인 가구는 학력에 따른 주택 유형의 차이는 크게 나타나지 않는다. 고졸 이하나 대졸 이상 모두 단독주택에서 거주하는 비율이 높다. 1~2인 가구를 대상으로 임대사업을 염두에 두고 있는 투자자라면 임차인들의 이러한 현황과 특성을 두루 고려할 필요가 있다.

4장

초소형 주택 정책을 주목하라

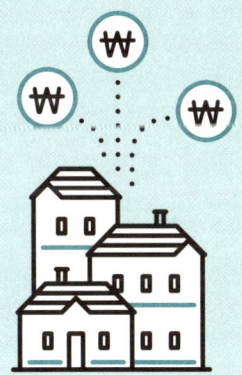

사촌이 땅을 사면 배가 아픈 것이 한국인이다. 부동산에 대한 집착과 관심은 지구촌에서도 유별나다. 정부 개입이 잦은 것도 이런 토양에서 비롯됐다. 정책은 이제 수요와 공급 못지않게 부동산 시장에 지대한 영향을 미치는 변수로 작용하고 있다.

초소형 부동산은 '메가트렌드'로 자리 잡을 것이 분명하다. 초소형 부동산을 둘러싼 정부의 정책은 그러나 미비하다. 사실상 걸음마 단계다. 머잖아 닥칠 미래 부동산 시장의 변화를 대비해 서둘러 정책의 궤도를 수정해야 한다는 목소리가 높다.

01
유명무실해진
국민주택 규모 정책

우선 다음의 표를 보자. 1인 가구가 가장 많이 거주하는 주택 규모는 전용면적 40m² 이하다. 1인 가구의 절반에 해당하는 47.3%가 거수한다. 40~85m² 이하에도 거주하고 있지만 절대적인 선호는 역시 40m² 이하의 초소형 주택임을 알 수 있다. 이에 비해 2인 가구는 60~85m² 이하 거주 비율이 34.3%로 가장 높다. 1인 가구에 비해 소득 수준이 높고 가구원 수가 많은 특성이 반영된 결과로 보인다. 그러나 2인 가구도 60m² 이하 주택의 거주 비율이 총 38.6%로 초소형 주택에 대한 수요가 만만치 않다.

  1~2인 가구가 전체 가구의 절반을 넘어선 상황에서, 또 이들의 대다수가 전용면적 60m² 이하의 소형이나 전용 40m² 안팎의 초소형

1인 가구 연령별 주거 유형(2015)

구분	계	1인	2인	3인	4인	5인	6인 이상
40m² 이하	17.8%	47.3%	12.0%	6.3%	2.6%	2.3%	2.3%
40m² 초과 50m² 이하	11.1%	14.5%	13.1%	10.0%	6.8%	6.3%	4.8%
50m² 초과 60m² 이하	12.6%	10.9%	13.5%	14.2%	12.6%	9.8%	10.8%
60m² 초과 85m² 이하	30.8%	18.8%	34.3%	36.9%	36.0%	31.0%	31.5%
85m² 초과 102m² 이하	11.9%	4.9%	13.5%	13.4%	16.0%	19.3%	14.9%
102m² 초과 135m² 이하	11.9%	3.0%	10.2%	14.6%	20.4%	22.6%	19.7%
135m² 이하	3.8%	0.7%	3.5%	4.5%	5.6%	8.8%	16.0%

자료: 국토교통부, 「주거실태조사」(2014)

주택에 거주하는 현실에 어울리지 않는 낡은 기준이 하나 있다. 전용면적 85m²를 가리키는 '국민주택 규모'가 그것이다.

국민주택 규모는 국민주택기금으로부터 자금을 지원받아 건설되는 주택으로, 전용 85m² 이하인 주택을 말한다. 국민주택 중 국가·지방자치단체·한국토지주택공사LH 또는 지방공사가 아닌 민간사업주체가 건설하는 전용 60m²~85m² 이하의 주택은 민간건설 '중형 국민주택'이라고 한다.

국민주택 규모는 거의 50년 전인 1972년 '주택건설촉진법'이 제정되면서 유래됐다. 당시 가구원 수로는 가장 보편적이던 '1가구당 5인'을 기준으로 1인당 5평꼴인 25평가량의 주택을 국민주택 규모로 정한 것이다. 전용 85m²를 평수로 환산하면 25.7평이다.

국민주택 규모의 위력은 만만치 않다. 정부가 부여하는 각종 세제 혜택, 청약 제도 등이 국민주택 규모를 기준으로 정해져 있어 다양한 규모의 주택 공급을 가로막는 역할을 하고 있다.

1~2인 가구에 맞는 초소형 주택이 잘 공급되지 않는 것도 낡은 국민주택 기준과 무관치 않다. 청약자격과 세제 등 각종 혜택이 85m^2에 맞춰져 있어 초소형보다는 중소형 아파트 공급을 늘리는 결과를 낳고 있기 때문이다. 체중이 줄어든 사람이 여전히 뚱뚱했던 시절의 옷을 걸치고 있는 모습과 비슷한 상황이다.

85m^2 주택에 청약·세제 혜택

신규 분양 아파트는 대부분 국민주택을 기준 삼아 보통 전용 60m^2, 85m^2, 102m^2, 135m^2 등으로 구분된다. 주택청약제도 역시 이를 근거로 만들어져 있다. 공공택지에서 국민주택 규모 이하는 분양가 상한제가 적용돼 이보다 큰 주택에 비해 상대적으로 저렴한 가격에 주택을 구입할 수 있다.

무주택 서민들의 당첨 확률을 높이기 위한 '청약가점제' 역시 85m^2 이하를 대상으로 하고 있다. 주택 구입시 부가가치세 면세를 해주는 기준도 85m^2 이하다.

이런 국민주택 규모 관련 혜택으로 신규 주택도 특정 면적에 집중되는 특징을 보이고 있다. 예컨대 2010~2015년 준공 주택의 규모별

준공 주택 규모별 비중 추이(2010~2015)

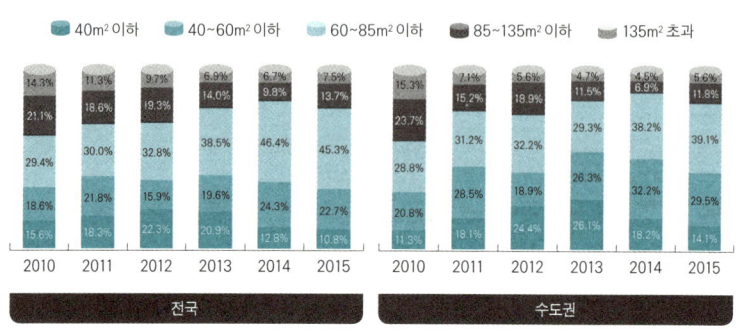

자료: 국토교통부, 『주택건설 실적통계』(각 해당 연도)

비중을 보면 60~85m² 규모의 주택이 40% 안팎으로 가장 많은 비중을 차지하고 있다. 정작 1~2인 가구에 필요한 40m² 이하 주택이나 40~60m² 이하 주택은 거의 건설되지 않는다.

이는 건설사들의 이해관계와도 맞아 떨어진 결과다. 일반적으로 주택형이 단순해야 건축 공사가 쉽다. 자재나 공사 원가 등을 고려하면 되도록 면적을 크게 지어야 수익성이 높다. 주택의 규모가 작아지면 세대 수가 늘어나게 되고 이는 인건비 증가로 이어진다. 전용 85m²나 전용 40m²나 어차피 동일한 인력이 투입되는 탓이다. 또 작은 주택에 맞도록 자재를 재단하는 과정에서 손실분도 더 발생한다.

그러나 반세기 가깝게 유지돼온 국민주택 규모는 수요 불일치로 이제 서서히 생명력을 다하고 있다. 건설사들도 60m²나 85m²가 아닌, 틈새 평면 설계 도입을 늘리는 추세다. 틀에 박힌 획일적 평면으로는 다양한 수요를 충족시키기 어렵다는 걸 파악했기 때문이다.

2017년 초에 분양한 고덕 파라곤은 71m^2에 가장 많은 청약자들이 몰려 123.3 대 1을 기록했다. 2016년 고분양가 논란을 불러왔던 아크로 리버뷰에서도 78.5m^2A 타입이 당시 488 대 1의 최고 경쟁률을 보였다.

60~85m^2 구간의 평면 혁신에 이어 요즘에는 전용 60m^2를 훨씬 밑도는 초소형 아파트도 속속 등장하는 추세다. 코오롱글로벌이 지난 3월 인천 부평구 부개동에 분양한 부평 코오롱 하늘채 단지에는 전용 34m^2 108가구가 들어선다. 2018년 4월에 분양한 과천 위버필드나 마포구 염리동 마포 프레스티지 자이에도 30~40m^2 규모의 초소형 아파트가 다수 배치됐다.

발코니 확장 이후 초소형 수요 더 늘어

국민주택 규모가 요즘 시대에 잘 맞지 않는 또 하나의 이유는 발코니 확장에 있다. 2005년 12월에 허용된 발코니 확장 허용 조치에 따라 실사용 면적이 크게 늘어났기 때문이다. 발코니를 확장하면 통상 실내 면적이 20~30m^2가량 넓어진다. 평면 설계에 따라서는 40m^2 아파트로도 60m^2와 맞먹는 구조를 뽑아낼 수 있다.

특히 발코니 확장이 허용된 이후 설계 혁신이 가속화되면서 이 같은 추세는 더 확산될 전망이다. 예를 들어 GS건설이 2017년 5월에 분양한 김포 한강 메트로자이 1차 전용 59m² 아파트에는 주방 펜트리와 'ㄷ자' 형의 대형 드레스룸이 들어간다. 발코니 확장으로 가능한 일이다. 과거엔 대형 드레스룸이나 주방 펜트리는 전용 110m² 이상에서나 설치할 수 있었다. 이 아파트는 이런 평면 설계 등에 힘입어 청약 개시 후 불과 일주일 만에 3,598가구가 모두 팔려 나갔다.

발코니 확장은 초소형 아파트에 대한 수요를 늘리는 역할을 한다고 분양업계는 분석한다. 좀 더 적은 금액으로 기대했던 규모의 주택을 장만하는 효과를 거둘 수 있다는 점에서다.

이런 이유로 시대와 동떨어진 국민주택(전용 85m²) 규모를 재검토해야 한다는 인식이 확산되고 있다. 서울시도 지난 2012년 국민주택 규모를 85m²에서 60m²로 줄이자고 국토해양부(현 국토교통부)에 건의했다. 당시 서울시가 진행한 설문 조사에서도 국민주택 규모를 85m²에서 60m²로 축소하는 방안에 69.2%가 찬성하고 반대는 26.6%에 그쳤다.

한 가구를 구성하는 '가구원 수'도 해마다 줄어드는 추세다. 가구원 수는 국민주택 규모가 정해진 1970년대만 해도 평균 5명이었으나 2016년에 2.51명으로 크게 줄었다. 1~2인 가구 증가 추세에 맞춰 가구원 수별 적정 주거면적에 대한 기준을 재정립하는 한편 국민주택 규모의 조정이나 세분화 등을 검토해야 할 단계에 와 있다.

초소형 주택 정책
걸림돌과 법제화 동향

1~2인 가구가 이미 절반을 넘어선 상황에서 초소형 주택 공급이 시급하지만 정책적 지원 수단은 아직 미미하다. 국민주택 규모에서 보듯 주택 정책은 대부분 혈연 가구를 중심으로 이뤄지고 있다.

청약제도가 대표적이다. 무주택 기간, 부양가족 수 등을 점수화해 당첨자를 가리는 청약가점제에서 부양가족이 없는 1인 가구는 우선순위에서 밀리게 된다.

청약가점제가 적용되는 주택은 전용면적 85m² 이하로 분양가 상한제가 적용되거나 주택도시보증공사HUG의 분양가 규제를 받기 때문에 주변 시세보다 분양가가 낮게 책정된다. 경제적 약자에게 개발 이익을 분배하겠다는 청약제도의 취지를 반영한 것이다. 청약제도를 통해 당첨되면 적잖은 시세차익을 기대할 수 있지만 1인 가구는 혜택에서 소외되고 있는 셈이다. 1인 가구가 주로 거주하는 전용 40m² 이하의 초소형 주택에 대해서는 부양가족 가점제를 적용하지 않는 등 정책 배려가 필요하다[35]는 주장이 나오는 배경이다.

자가自家 수단의 청약주택이 아닌, 공공임대주택도 주로 4인 가족 단위에 맞춰져 있다. 1~2인 가구에 적합한 초소형 임대주택 공급은 많지 않다. 임대주택 공급 순위나 자격 면에서도 1~2인 가구가 불리하다.

1~2인 가구에 적합한 40m² 안팎의 초소형 임대주택 공급량도 부족하다. 예컨대 한국토지주택공사LH가 2018년에 공급하는 '공공분양' 아파트와 5년 및 10년 후 분양 전환되는 '공공임대' 아파트는 60m² 이하, 혹은 60~85m² 이하 등으로만 구성돼 있다. 60m² 이하 아파트도 대부분 58~59m²로 공급된다. LH가 이전에 공급했던 물량도 마찬가지다.

주택구입자금이나 전세자금도 만 30세 미만 단독 세대주는 대출 대상에서 제외되기 때문에 소득이 낮은 젊은 독신 가구는 주택자금 지원의 혜택을 받기 어렵다.[36]

소형 주택 건설 의무화 폐지 '오판'

서울시에서는 1980년만 해도 단독·다가구주택이 68만 가구로 전체 주택의 70.6%를 차지했다. 아파트가 거의 없던 시절이다. 단독·다가구주택은 2016년 34만 가구(12.1%)로 줄어들었다. 재개발 사업 등으로 낡은 단독주택을 허무는 대신 그만큼 아파트를 많이 지었기 때문이다. 서울 주택의 58%가 아파트다. 달리 말하면 1~2인 가구가 거주할 만한 소형 단독·다가구주택이 그만큼 멸실된 것이다. 서울에는 아직도 재개발이나 뉴타운 사업이 한창 진행 중이어서 단독주택의 수는 갈수록 줄어들 전망이다.

소형 단독주택은 줄고 나날이 1~2인 가구가 늘어나는 상황에서 정부는 시대 상황과는 정반대의 정책을 펼쳤다. 박근혜 정부 시절인 2014년에 주택시장 활성화를 위한다는 명목으로 '소형 평형 의무비율 공급제도'를 폐지한 것이 대표적인 사례다.

소형 평형 의무비율 공급제도는 주택을 건설할 때 의무적으로 전용 60m²(약 18평) 이하의 소형 주택을 일정 비율 건설하도록 한 것이다. 과밀억제권역에서 재건축 사업에서는 전체 가구 수의 60% 이상을 전용 85m² 이하 주택으로 건설해야 했다. 서울과 경기도 등에서는 조례를 통해 60m² 이하 소형 주택 건설을 20% 이상 건설하도록 규제했다.

소형 평형 의무 비율 공급제도가 유지됐던 시절에 소형 주택은 실

현행 소형 주택 의무비율 규제 현황

구분		IMF 이전			IMF 이후			현행(개정안)		
		60m² 이하	60~85m²	85m² 초과	60m² 이하	60~85m²	85m² 초과	60m² 이하	60~85m²	85m² 초과
재건축		20%	40%	40%	규제 폐지 (1998.6.15)			20% 이상 (폐지)	40% 이상	40%
민간 택지	서울	30%	45%	25%	규제 폐지 (1998.1.1)			20% 이상 (폐지)	80%	
	경기	20%	40%	20%						
지역·직장 조합		20%	80%	–	100%	–		100% (→75% 이상)		일반분양분 자율
공공택지		30%	40%	30%	30%	20%	50%	30%	30%	40%
재개발		50%	30%	20%	40%	40%	20%	80%		20%
주거환경개선		100%		–	90%		10%	90%		10%

자료: KB 지식비타민, '소형 주택 의무비율 공급제도 폐지의 의미와 전망'

제로 크게 늘었다. 국토교통부에 따르면 소형 주택 인허가 실적은 2007년 26%에서 2013년 39%로 증가했다. 수도권에서는 같은 기간 29%에서 50%로 늘었다. 2008년 송파 잠실 리센츠 아파트에 27m² 아파트가 들어선 것도 소형 평형 의무비율 공급제도를 지키고자 설계에 반영한 결과다. 당시 조합 등은 소형 평형 의무비율에 반대했지만, 막상 입주 후 초소형 아파트 가격이 치솟는 상황을 고려하면 불가피한 규제였다는 주장이 설득력을 얻고 있다.

2014년 이 제도가 폐지된 이후 전용 60m² 이하 주택 공급은 눈에 띄게 줄었다. 1~2인 가구가 늘고 있는 상황에서 오히려 소형 주택의 공급량을 더 줄이는 결과를 낳고 말았던 것이다. 소형 평형 의무비율

폐지가 시대 변화를 읽지 못한 규제 완화였다는 지적이 나오고 있는 것도 바로 이 때문이다.

영국·미국·호주·일본 등 1인 가구 지원

1~2인 가구가 먼저 보편화된 선진국에서는 다양한 형태의 지원책을 실시하고 있다. 일본에서는 정부 차원에서 저소득층, 고령자, 청년계층 등 1인 가구의 주거 안정을 목적으로 공공임대주택을 공급해 임대료를 할인해준다. 또 민간 소형 임대주택의 난개발을 방지하기 위해 '1인 가구를 위한 주택의 건설 및 관리 기준'을 설정해 지역 주거 환경 정비를 추진하고 있다.[37]

또 공영주택은 원칙적으로 가족세대 입주만 가능하지만 지자체의 판단으로 독신자 입주를 인정하는 방침으로 변경됐다. 경기침체 등으로 주거가 불안정한 1인 가구를 지원하기 위해 공영주택 입주 기준을 완화한 것이다. 일본의 도시재생기구UR는 1인 가구를 대상으로 원룸형, 기숙사형 등 독신자용 임대주택과 독신 고령자용 시니어 임대주택 등을 공급하고 있으며 임대료 할인제도 등을 운영하고 있다.

혼자 사는 젊은 층이 급격히 증가하는 미국 시애틀 시市는 9~26m^2 규모의 초소형 주택 등이 증가함에 따라 1인 가구용 '마이크로 하우징' 관련 규제 정책에 나서고 있다.[38] 젊은 층이 지불할 수 있는 수준의 임대료를 책정하고 양질의 보건위생 상태를 유지하도록 하는 내용을 담고 있다. 시애틀 시가 정의하는 마이크로 하우징은 가족이 아닌 8명 이하의 사람들이 11m²의 공간 안에서 각자의 공용 공간을 사용할 수 있는 주택을 말한다.[39]

또한 미국에는 학교에서 지원하는 학생 주택과 저소득 1인 가구를 대상으로 정부에서 공급하고 있는 'SRO Single Room Occupancy' 주택 등이 있다. SRO 주택은 6~18m² 규모로 개별 침실을 사용하고 욕실이나 주방은 공유하는 셰어형 주택이다.[40] 임대 기간은 10년간 계속되며 일부 개·보수비용, 소유 및 관리비용, 임대료 등을 위해 임대 지원 보조금이 사용된다.

이밖에도 제도화된 1인 가구용 셰어형 임대주택으로는 호주의 루밍 하우스 Rooming house, 보딩 하우스 Boarding House 와 영국의 HMOs Houses in Multiple Occupancy 등이 있다. 예컨대 영국 정부는 2000년부터 모든 HMOs 운영자가 지자체에 의무 등록해 최소 면적과 시설, 적정 거주 인원수 등을 확보하도록 규정하고 있다.[41]

도시형 생활주택, 주거 복지 로드맵

우리나라 정부도 손을 놓고만 있었던 건 아니다. 대표적인 정책이 2009년 내놓은 '도시형 생활주택'과 2010년 발표했던 '준準 주택' 정책이다.

도시형 생활주택은 300가구 미만의 국민주택 규모에 해당하는 주택으로 원룸형 주택, 단지형 연립주택, 단지형 다세대주택 등으로 지을 수 있는 초소형 주택이다. 이 중에서 원룸형 주택은 전용면적 50m^2 이하이고 가구별로 독립된 주거가 가능하도록 욕실, 부엌이 설치된 1인 가구용 주택을 목적으로 도입됐다. 준(準) 주택으로는 기숙사를 비롯해 흔히 고시원으로 불리는 다중 생활시설, 노인복지 주택, 오피스텔 등이 있다. 초소형 주택 공급이나 정책적 지원 수단이 충분치 않은 상황에서 준(準) 주택은 상당수 1~2인 가구들이 찾는 대체 주거 공간의 역할을 담당하고 있다.

2014년 4월에는 사회 초년생과 대학생 등을 대상으로 하는 공공임대주택, '행복주택' 공급 방안을 발표했다. 직장과 학교가 가까운 곳이나 대중교통 이용에 편리한 곳에 공급하는 공공임대주택이다.

문재인 정부 들어서는 '주거 복지 로드맵'을 통한 소형 주택 확대에 나서고 있다. 매년 20만 가구씩, 5년간 100만 가구의 공적 임대주택과 공공주택을 공급하는 것이 핵심 내용이다. 공공주택 100만 가구는 셰어형·창업 지원형 등 맞춤형 청년주택 30만 실을 비롯해 신혼부부(20만 가구), 고령층(5만 가구), 저소득·취약 가구(41만 가구), 무주택 가구주(15만 가구) 등에게 고루 배분할 계획이다. 신혼부부들에게는 특별공급 물량도 늘어난다.

정부가 공급하는 초소형 주택이 충분한 수준은 아니지만, 입지가

주거 복지 로드맵

자료: 국토교통부 주거복지 로드맵(molit.go.kr/housingroadmap)

뛰어난 곳에 저렴한 분양가나 임대료를 책정하는 물량도 있는 만큼 입주를 희망하는 1~2인 가구들이 적지 않다. 다음 장에서 정부가 공급하는 초소형 주택에 대해 자세히 살펴보자.

1인 가구를 위한 주택 정책

구분	주요 내용	근거

도시형 생활주택 (2009.5)	- 300세대 미만의 국민주택규모에 해당하는 주택
	- 원룸형주택
	  • 세대별 주거 전용면적은 50제곱미터 이하일 것
	  • 세대별로 독립된 주거가 가능하도록 욕실 및 부엌을 설치할 것
	  • 욕실 및 보일러실을 제외한 부분을 하나의 공간으로 구성할 것. 다만, 주거 전용면적이 30제곱미터 이상인 경우에는 2개의 공간으로 구성 가능
	  • 지하층에는 세대를 설치하지 아니할 것
	- 단지형 연립주택, 단지형 다세대주택
		주택법

준주택 (2010.7)	- 주택 이외 건축물과 그 부속토지로서 주거시설로 이용 가능한 시설 - 기숙사: 학교 또는 공장 등의 학생 또는 종업원 등을 위하여 쓰는 것으로서 1개 동의 공동취사시설 이용 세대 수가 전체의 50% 이상인 것 - 다중생활시설: 다중생활시설(고시원업의 시설)로서 같은 건축물에 해당 용도로 쓰는 바닥면적의 합계가 500제곱미터 미만인 것 - 노인복지주택: 노인에게 주거시설을 분양 또는 임대하여 주거편의와 생활지도, 상담 및 안전관리 등 일상생활에 필요한 편의를 목적으로 하는 시설 - 오피스텔: 업무를 주로 하며, 분양하거나 임대하는 구획 중 일부 구획에서 숙식을 할 수 있도록 한 건축물로서 국토교통부장관이 고시하는 기준 충족	

행복주택 (2013.4)	- 국가나 지방자치단체의 재정이나 주택도시기금의 자금을 지원받아 대학생, 사회초년생, 신혼부부 등 젊은 층의 주거안정을 목적으로 공급하는 공공임대주택
	  • 대학생: 인근 대학교에 재학 중인 미혼 무주택자, 본인·부모 합계소득 평균소득 100% 이하, 국민임대주택 자산 기준 부합
	  • 사회초년생: 인근직장에 재직 중인 취업 5년 이내 미혼 무주택자, 본인소득 평균소득 80% 이하, 5~10년 공공임대주택 자산기준 충족
		공공 주택 특별법

대학생 전세임대 주택	- 사회취약계층과 대학생, 신혼부부 등을 위한 전세임대주택 공급 - 입주대상자로 선정된 자가 전세주택을 선정하면 LH가 주택소유자와 전세계약을 체결한 후 재임대	
공공 실버주택 (고령자 복지주택) (2016.9)	- 주택과 사회복지시설이 복합 설치된 영구임대주택으로서 고령자 주거안정을 위하여 국토교통부장관이 해당 지방자치단체와 협의를 거쳐 지정한 주택 - 고령자복지주택의 입주자를 선정하는 경우 같은 순위에서 경쟁이 있는 때에는 단독 세대주인 고령자 우선 선정	

정부와 LH 초소형 주택(임대·분양) 활용법

서울 반포 센트럴 푸르지오 써밋, 삼성동 센트럴 아이파크, 반포 래미안 아이파크 등, 모두 요즘 이름만 들어도 알 만한 강남권의 고급 아파트 단지다. 이런 곳에서 월세 20만 원대에 거주할 만한 초소형 아파트가 있을까?

정부가 공급하는 행복주택을 활용하면 가능하다. 행복주택은 국가나 지방자치단체의 재정이나 주택도시기금의 자금을 지원받아 대학생, 취업 준비생(대학·고등학교 졸업·중퇴 후 2년 이내), 사회 초년생(업무 종사 5년 이내), 신혼부부 등 젊은 층의 주거 안정을 목적으로 공급하는 공공임대주택이다. 주거비 부담을 많이 느끼는 1~2인 가구가 활용할 수 있는 가장 효과적인 초소형 주택이다.

행복주택 청약 자격은 최근 일부 기준이 완화됐다. 기존에는 대학에 재학 중이거나 소득 활동을 하는 청년에 한해 청약이 가능했지만, 2018년부터는 소득 활동에 관계없이 만 19~39세 청년이면 청약이 가능하다. 6~7년차(종전 5년 이내) 신혼부부도 청약할 수 있다.

청약은 순위제 방식이다. 일반공급 1순위는 해당 지역 및 연접 지역, 2순위는 광역권, 3순위는 1~2순위를 제외한 지역이다. 예를 들어 서울 행복주택의 1순위 해당 지역은 서울시가 되고 연접 지역은 의정부, 남양주, 구리, 하남, 성남, 과천, 안양, 부천, 광명, 인천, 김포, 고양, 양주 등이다. 2순위인 광역권에는 수원, 평택, 동두천, 안산, 오산, 군포, 시흥, 의왕, 용인, 파주, 이천, 안성, 화성, 광주, 포천, 여주, 가평, 양평, 연천 등이 포함된다. 나머지 지역은 3순위다.[42]

행복주택은 전용면적 45m² 이하로 건설된다. 2017년 공급된 행복주택도 전용 16m², 22m², 36m², 44m² 등으로 다양한 규모로 구성돼 있다. 거주 기간(임대차 기간)은 2년이다. 입주 자격을 충족하면 2년 단위로 계약을 갱신할 수 있다. 청년은 최대 6년, 신혼부부는 6년(무자녀)·10년(유자녀), 65세 이상 고령자·주거 급여 수급자 20년 등이다.

국토교통부는 2018년 첫 행복주택 공급 물량으로 지난 3월 전국 35개 사업지구에서 1만 4,189가구의 입주자를 모집했다. 당시 물량 가운데는 반포 센트럴 푸르지오 써밋(130가구), 삼성동 센트럴 아이파크(57가구), 반포 래미안 아이파크(116가구), 래미안 서초 에스티

서울 주요 행복주택 청약 경쟁률

단지명	공급	접수	경쟁률
서초선포레	14	2757	196.9 대 1
천왕이펜하우스7	28	1195	42.7 대 1
송파파크데일3	12	430	35.8 대 1
거여 리본타운	128	4228	33 대 1
강일리버파크11	47	1205	25.6 대 1
래미안 로이파크	58	1246	21.5 대 1
래미안서초에스티지S	91	940	10.3 대 1
삼성동 센트럴 아이파크	57	399	7 대 1
반포래미안아이파크	116	372	3.2 대 1
반포센트럴푸르지오써밋	130	346	2.7 대 1

(단위: 가구 수, 명)

자료: LH

• 가좌 행복주택 전경

지S(91가구) 등 강남권의 재건축 단지에 배정된 행복주택이 포함돼 있어 큰 인기를 끌었다. 국토교통부는 이를 포함해 2018년 총 3만 5,000가구의 행복주택을 공급할 계획이다. 행복주택의 주요 공급 주체인 LH도 연내에 남양주 별내(1,220가구), 고양 행신2(276가구), 성남 고등(1,040가구), 시흥 은계(820가구) 등 전국 39개 지역에서 총 1만 7,000여 가구의 공급을 준비하고 있다.

행복주택은 일반적으로 주변 시세의 60~80%로 공급되지만 더 낮게 책정되기도 한다. 2018년 3월에 공급된 반포 센트럴 푸르지오

써밋의 전용 49m²(85가구)는 보증금 1억 3,878만 원에 월 임대료 49만 7,000원에 공급됐다. 보증금을 1억 8,848만 원으로 높이면 월 임대료는 24만 8,500원으로 낮출 수 있다. 여기에 버팀목대출을 이용하면 보증금의 70%까지 대출이 가능하다. 청년 가구나 갓 결혼한 신혼부부가 월 30만 원도 안 되는 임대료로 강남 랜드마크 아파트에 거주할 수 있는 조건이다. 행복주택의 이런 임대 조건은 주변 시세와

천왕8구역(구로구 천왕동) 행복주택(상)과 양주 옥정 행복주택(하)의 보증금과 임대료

행복주택		임대 조건		버팀목대출 활용	
입주계층	전용면적 (m²)	보증금 (만 원)	임대료 (원)	보증금 (대출액 제외)	임대료 (대출이자 23% 포함)
대학생	29	3,808	130,000	1,142	181,000
청년	29	4,032	138,000	1,209	192,000
신혼부부	36	5,600	191,000	1,680	273,000

• 만 19~39세 또는 소득 활동 기간 5년 이내인 사회 초년생

행복주택		임대 조건		버팀목대출 활용	
입주계층	전용면적 (m²)	보증금 (만 원)	임대료 (원)	보증금 (대출액 제외)	임대료 (대출이자 23% 포함)
대학생	26	1,914	87,000	574	113,000
청년	26	2,026	92,000	607	119,000
신혼부부	36	3,064	140,000	919	181,000

• 세부 금액은 보증금 최대 전환, 본인 소득 수준 등에 따라 상이할 수 있음

자료: 국토교통부

행복주택 입주자 선정 기준

계층	입주 자격(모집공고일 기준)	
	일반 사항	소득 및 자산
대학생	• 미혼인 무주택자로서 대학교 재학(입학, 복학 예정) 중이거나, 대학·고등학교 졸업·중퇴 후 2년 이내의 취업 준비생	• 본인·부모 합계 소득이 평균 소득의 100% 이하 • 본인 총 자산 7400만원, 자동차 미소유
청년	• 미혼인 무주택자로서 만 19~39세이거나 소득 활동 기간이 5년 이내인 사람 또는 퇴직 후 1년 이내의 자 중 구직급여 수급 자격이 있는 자	• 본인 소득이 평균 소득의 80% 이하(세대 100% 이하) • 본인 총 자산 2억 1800만 원, 자동차 2500만 원
신혼부부	• 무주택 세대구성원(예비신혼부부는 무주택자)으로서 결혼 7년 이내인 사람(예비 신혼부부 포함)	• 세대소득이 평균 소득의 100% 이하 • 세대 내 총 자산 2억 4400만 원, 자동차 2500만 원

• 도시근로자가구 월평균 소득 기준(3인 이하): 80% 400만 원, 100% 500만 원
자료: 국토교통부

비교하면 파격적이다. 삼성동 센트럴 아이파크 $49m^2$는 보증금 1억 원에 월 임대료 240만~250만 원에 시세가 형성돼 있다. 보증금 규모를 감안하더라도 행복주택 월 임대료가 3분의 1에서 4분의 1 수준에 불과한 셈이다.

다른 지역에 공급된 행복주택의 조건도 1~2인 가구들에게는 솔깃한 조건이다. 2018년 3월 공급된 천왕8구역 전용 $29m^2$는 보증금 약 4,000만 원에 월 임대료 19만 원으로 거주가 가능하다. 비非 수도권에서는 전용 $26m^2$가 보증금 1,000만~3,000만 원, 임대료 8만~15만 원 내외다. 임대 보증금이 부담된다면 버팀목대출을 통해 보증금의 70%까지 연 2.3~2.5% 금리로 빌릴 수 있다.

2018년 LH 행복주택 공급 계획

지구명	블록	공급 호수	공급 시기(월)
여수관문	A-1	200	5
남양주장현5	2	870	6
서울공릉	1	100	6
남양주별내	A1-2	1,220	6
고양행신2	1	276	6
시흥장현	A-4	996	6
군포송정	A1	480	6
화성봉담2	A-6	602	6
대전봉산	3	578	6
광주우산	H-1	361	6
대구연경	A3	600	6
김해율하2	A-3	1,200	6
창원노산	101	20	6
제주혁신	A-4	200	6
울산송정	A-1	946	7
성남고등	A-1	1,040	8
충북괴산	1	18	8
광주용산	1-1BL	264	8
대구대곡2_2단계	A	408	8
이천마장지구	A-3	290	9
시흥은계	A1	820	9
화성동탄2	A-82	820	9

아산탕정	1-A1	740	9
천안두정	1	40	9
정읍첨단	A1-3	600	9
광주효천	A-3	264	9
의령동동	5	196	9
화성발안	A1	608	11
화성향남2	A20	100	11
광주월산	1	30	11
의정부고산	S2-1	500	12
양주고읍	A-13BL	508	12
청주산남2-1	1	66	12
대전도안2	1	238	12
완주삼봉	A-1	582	12
광주첨단	H-1	100	12
광주첨단	H-2	100	12
광주첨단	H-3	200	12
대구비산	01	40	12

자료: LH(일정은 사업 여건 등에 따라 변경될 수 있음)

신혼부부 특별공급 분양 기회 늘어나

임대가 아닌 분양 물량에도 기회가 있다. 1~2인 가구 중에서도 신혼부부가 특히 유리하다. 신혼부부를 배려한 특별공급 물량이 늘어난 덕이다. '주택공급에 관한 규칙' 개정으로 2018년 5월 4일부터 신혼부부 대상 특별공급 비율이 2배로 늘어났다. 공공주택은 기존 15%에서 30%로, 민영주택은 기존 10%에서 20%로 확대됐다. 특별공급 신청 자격 역시 '혼인 기간 5년 이내인 유자녀 부부'에서 '혼인 기간이 7년 이내인 무자녀 부부'로 완화한다.

민영주택 신혼부부 특별공급 물량 가운데 5%는 소득 기준도 낮아졌다. 월소득 500만 원이 넘는 신혼부부들도 특별공급 청약이 가능하다. 월평균 소득 제한이 전년도 도시근로자 가구당 월평균 소득의 100%에서 120%로 변경돼, 2017년 기준 500만 2,590원에서 600만 3,108원으로 늘어났기 때문이다. 맞벌이 신혼부부의 소득 제한도 현실화됐다. 전년도 도시근로자 가구당 월평균 소득의 130%(4인 가족 기준 760만 974원)까지 신혼 특공에 청약할 수 있다.

2019년부터는 신혼부부만을 위한 아파트도 공급된다. 국토교통부는 '주거 복지 로드맵'을 통해 앞으로 5년간 총 15만 가구의 공공분양 주택을 공급하고 이 중에서 7만 가구는 '신혼희망타운'으로 짓기로 했다. 신혼희망타운은 도시 근로자 월평균 소득의 120% 이하이면서 혼인 기간 7년 이내인 신혼부부나 예비 신혼부부에게 공급한다. 수서 역세권, 과천지식정보타운, 위례신도시, 성남 금토지구 등이 수도권 유력 후보지로 거론된다.

수요자가 분양형과 임대형 중 선택할 수 있다. 분양형을 선택하면 전체 분양가의 30%만 먼저 내고 입주할 수 있다. 전용면적 59m² 분양가를 3억 원으로 가정하면 9,000만 원만 있으면 들어가서 살 수 있다. 자금 사정이 여의치 않은 대부분의 신혼부부를 고려한 조치다. 나머지 70%는 20~30년간 월 50만~100만 원 내외의 원리금 상환(금리 1%대) 방식으로 갚으면 된다.

신혼부부 맞춤형 전세 상품도 나왔다. 국토교통부는 2018년 초 신혼부부의 주거비 부담을 줄이기 위해 이자는 낮추고 대출 한도는 높인 신혼부부 전용 전세 상품을 내놨다. 주택을 임대차하는 혼인 5년 이내 신혼부부를 대상으로 기존보다 대출 한도를 3,000만 원 확대하고 대출 비율도 10% 상향 조정했다. 대출 한도는 수도권 1억 7,000만 원, 기타 지역 1억 3,000만 원까지다. 임대 보증금의 80%까지 대출이 가능하다. 금리는 소득에 따라 편차가 있지만 최저 1.2%에서 2.1%까지 낮아졌다.

정부가 이처럼 신혼부부들의 내 집 마련에 적극 나선 것은 저출산·고령화를 해결하기 위해서다. 통계청에 따르면 2017년 전국 출생아 수는 전년 대비 11.9% 감소한 35만 8,000명으로 집계됐다. 역대 최저 수치다. 출생아 수가 40만 명 아래로 떨어진 것은 2017년이 처음이다. 결혼생활에서 재정적 부담이 큰 주거 문제가 해결되면 신혼

신혼 희망타운 선도 사업지

위치		가구 수
수도권	수서 역세권	620
	위례신도시	400
	서울양원	385
	과천지식정보타운	664
	화성동탄2	500
충청권	아산탕정	1,000
전라권	완주상봉	890
경남권	양산사송	900

자료: 국토교통부

확대되는 신혼부부 특별 공급 기회

	변경 전	변경 후
특별공급 비율	민영: 10% 공공: 15%	민영: 20% 공공: 30%
혼인 기간	5년	7년
월소득(3인 이하 가구 기준)	외벌이: 500만 2,590원 맞벌이: 600만 3,108원	외벌이: 600만 3,108원 맞벌이: 650만 3,367원
인터넷 청약	불가능	가능

자료: 국토교통부

부부들도 자연스럽게 출산 계획을 세울 수 있을 것이라는 게 정부의 판단이다. 정부의 이런 노력이 1~2인 가구 증가 추세를 둔화시킬 수 있을지 기대를 모은다.

자치단체 초소형 주택 정책
: 서울시

1~2인 가구의 최대 관심 지역은 역시 서울이다. 우선 행복주택을 눈여겨볼 필요가 있다. 앞으로 상당한 물량이 강남권에서 나올 것으로 예상되기 때문이다.

서울의 행복주택은 주로 SH공사가 공급한다. 주로 전용면적 29m^2와 39m^2, 49m^2, 59m^2 등으로 이뤄져 1~2인 가구가 살기에 적합하다. 2018년 공급 목표 물량은 6,600여 가구다. 부지를 매입해 직접 짓거나 재개발·재건축 사업에 들어서는 민간 아파트를 일부 매입해 공급하기도 한다.

SH공사에 따르면 이 가운데 30%가량이 강남3구에서 공급된다. 대표적인 물량이 2018년 8월쯤 공급될 송파구의 헬리오시티다. 옛

2018년 서울시 재건축 매입형 행복주택 공급 물량

지구 및 단지	전용면적(m²)	공급가수	공급 시기
힐스테이트 청계 (대농신안)	40·48	114	3월
센트럴아이파크 (상아3차)	49	57	3월
서초한양	49·59	116	3월
삼호가든4차	49·59	130	3월
사당1	59	58	3월
우성2차	59	91	3월
가락시영(헬리오시티)	39·49·59	1401	8월
신사19	59	22	8월
반포한양	59	71	8월
상도대림	59	5	8월
방배3	59	41	12월
창전1	59	9	12월
일원동현대	49·59	50	12월
개포주공2단지(래미안 블레스티지)	49·59	112	12월
염창1	51	56	12월
신반포18차	48·59	71	12월
삼익그린	49·59	156	12월
남가좌1	59	47	12월

자료: SH공사(공급 시기, 물량은 달라질 수 있음)

가락 시영아파트를 재건축하는 9,510가구 가운데 1,401가구가 행복주택이다. 강남구의 개포 주공2단지를 재건축하는 래미안 블레스티지에서도 112가구의 행복주택이 나온다.

걸림돌은 임대료다. 주변 시세보다 저렴하다고 해도 강남권이란 특수성을 고려할 때 일부 고소득 1~2인 가구를 제외하면 부담할 만한 수요층이 제한적일 수 있어서다. 월세가 100만 원이 넘을 수 있다는 관측도 제기된다.

서울 강북 지역으로 중심으로 활발히 진행 중인 재개발 사업장에서도 초소형 아파트가 공급된다. 서울시 조례에 근거해 SH공사가 매입해 공급하는 물량으로, 30~33m² 규모가 일반적이다. 임대 보증금은 1,377만~3,062만 원이며, 월 임대료는 15만 3,000원~23만 4,000원 선이다.

서울시 5년간 임대주택 24만 가구 공급

그밖에도 서울시는 2018년부터 2022년까지 5년간 임대주택 24만 가구를 공급할 계획이다. 서울시가 직접 공급하는 공공임대주택 12만 가구와 민간이 공급하고 서울시가 지원하는 공공지원주택 12만 가구를 합친 물량이다. 총 8만 가구 규모의 '역세권 청년주택'이 대표적이다. 서울시는 이 물량 중 5만 6,000가구를 1인 가구 청년에, 나머지 2만 4,000가구는 신혼부부에 각각 배정할 예정이다.

역세권 청년주택은 서울 전역 55개소(2만 2,500가구)에서 사업이

서울시 공적 임대주택 5개년(2018~2022) 공급 계획(단위: 가구)

사업유형별 구분		2018	2019	2020	2021	2022	합계	평균
주체	공급 유형							
공적임대주택 총계		45,691	47,212	51,887	49,062	43,543	237,395	47,479
공공임대주택	총계	21,953	23,212	27,387	24,062	20,543	117,157	23,431
	건설형	3,164	4,353	7,872	4,782	1,656	21,827	4,365
	매입형	9,789	9,359	9,015	8,780	8,387	45,330	9,066
	임차형	9,000	9,500	10,500	10,500	10,500	50,000	10,000
공공지원주택	총계	23,738	24,000	24,500	25,000	23,000	120,238	24,048
	역세권 청년주택*	12,000	12,000	12,000	12,000	9,500	57,500	11,500
	사회·공동체 주택	1,738	2,000	2,500	3,000	3,500	12,738	2,548
	민간임대 활성화	5,000	5,000	5,000	5,000	5,000	25,000	5,000
	신혼부부 임차보증금 지원	5,000	5,000	5,000	5,000	5,000	25,000	5,000

* 서울시 '역세권 청년주택' 공급 목표

구분			계	2017	2018	2019	2020	2021	2022
공급 목표 (호)	계	계	80,000	8,000	15,000	15,000	15,000	15,000	12,000
		청년	56,000	6,980	10,500	10,500	10,500	10,500	7,020
		신혼부부	24,000	1,020	4,500	4,500	4,500	4,500	4,980
	공공임대	계	16,000	1,500	3,000	3,000	3,000	3,000	2,500
		청년	11,200	1,300	2,100	2,100	2,100	2,100	1,500
		신혼부부	4,800	200	900	900	900	900	1,000

공급목표(호)	공공지원	계	64,000	6,500	12,000	12,000	12,000	12,000	9,500
		청년	44,800	5,680	8,400	8,400	8,400	8,400	5,520
		신혼부부	19,200	820	3,600	3,600	3,600	3,600	3,980

자료: 서울시

추진되고 있다. 서울시가 용도 지역 상향, 세제 혜택 등을 지원하는 대신 민간 사업자가 주거면적 100%를 임대주택(공공·민간)으로 지어 청년 등에게 입주 우선권을 주는 방식이다. 현재 55개 사업장 중 용산구 한강로2가, 서대문구 충정로3가, 마포구 서교동, 강서구 화곡동, 마포구 창전동 등 촉진 지구(대지 면적 5,000m² 이상) 5곳을 포함한 16곳(8,200가구)가 사업인가를 완료했다. 나머지 39곳(1만 4,300가구)는 사업인가를 진행 중이다.

서울시는 또 신림, 노량진 등 청년 밀집 지역 내 노후 고시원 150호를 매입해 리모델링할 계획이다. 청년 스타트업 거점이 될 수 있는 세운상가(10호), 마포구 성산동(24호), 강남구 대치동(24호)에는 지역특화 청년주택을 만들기로 했다.

한편 서울시가 2018년 5월 8일 발표한 「2017년도 주거실태 조사」에 따르면 서울시 무주택 임차 가구 중 62.4%가 공공임대주택에 입주할 의향이 있다고 답했다. 그 이유로는 저렴한 임대료(67.8%), 주거 안정성(18.7%), 주거 환경(11.5%) 등을 꼽았다. 반대로 입주할 의향이 없는 가구는 직장과의 거리(32.1%), 현 주택에 만족(28.1%) 등을 꼽았다. 또한 서울시 무주택 청년 가구 중 10.8%는 공유 주택 형식의 임대주택에 입주할 의향이 있으며, 평균 소득 70% 이하 가구 중에서는 11.5%가 입주할 의향이 있는 것으로 나타났다.

2부
초소형 부동산의 재구성

5장

초소형 부동산 상품 개발 러시

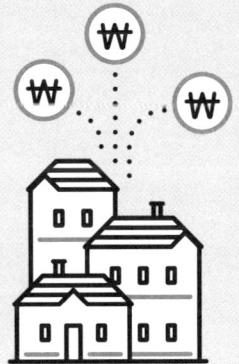

수요가 있는 곳에 공급이 있다. 마이크로 스페이스micro space는 부동산 시장의 새로운 장르다. 초소형 아파트를 비롯해 도시형 생활주택, 초소형 오피스텔, 조립식 주택, 자투리땅을 활용한 협소주택, 초미니 상가·오피스, 셰어하우스에 이르기까지 틈새상품이 잇따라 등장하고 있다.

'뉴 노멀new normal' 시대를 선점하려는 개척자들의 움직임도 활발하다. 건설 업체, 공공 기관은 물론 통신사와 같은 이종異種 업체 등이 앞다퉈 뛰어들고 있다. 부동산 시장은 그 자체로 거대한 실험장의 무대가 되고 있다.

미니 아파트·오피스텔, 세대 분리형 아파트, 마이너스 재건축

초소형 아파트 수요층이 많다는 걸 눈치 챈 민간 업체들도 발 빠르게 나서고 있다. 과거에는 소형 평형 의무비율 같은 규제 때문에 건설사들이 마지못해 초소형 아파트를 지었지만 이제는 자발적으로 나서는 분위기다. 아직까지 분양 시장의 주류는 아니지만 알게 모르게 공급량도 늘어나는 추세다. 금융결제원의 아파트투유에 따르면, 최근 2년간 전용면적 50m^2 이하 규모로 공급된 초소형 아파트는 2,600여 가구에 이른다.

일부 건설사들은 초소형 아파트 개발뿐 아니라 월세 시장 진출도 노리고 있다. 매달 임대료가 들어와 현금 흐름cash flow이 좋아지고, 1~2인 가구의 소비 형태에 맞는 세탁·보안 서비스 등을 공급하면서 부가 수익을 창출할 수 있다는 계산에서다.

대우건설은 국토교통부로부터 '네트워크형 부동산 종합 서비스 예비 인증'을 받고 직접 임대사업에 나설 채비를 갖추고 있다. 코오롱글로벌도 신개념 주택 임대 서비스 브랜드 '커먼 라이프'를 내놓았다. 토지주들과 함께 개발, 임대, 운영, 시설 관리까지 원스톱one-stop 서비스를 제공할 계획이다. 첫 프로젝트로 서울 역삼동에 72가구의 임대주택을 2018년 하반기에 완공해 운영할 계획이다.

롯데자산개발도 1~2인 가구에 특화된 도심형 주거 임대사업 브랜드 '어바니엘Urbani L'을 2017년 말 출시했다. 24시간 콜센터 운영은 물론이고 냉장고, 침대, 소형 가전 등 렌탈 서비스와 카 셰어링 서비스 등 다양한 주거편의 서비스를 계획하고 있다. 롯데몰과 세븐일레븐, 롯데시네마, 롯데JTB, 롯데리아 등 롯데 계열사와 연계한 서비스 제공 방안도 구상 중이다.

통신사·증권사까지 가세

1~2인 가구의 잠재성에 눈독을 들이고 있는 것은 건설사만이 아니다. 급증하는 '나 홀로 가구(1인 가구)'의 여파로 월세 시장이 활성화되면서 부동산과 연관이 거의 없는 증권사·통신사까지 초소형 주택 임대사업에 뛰어들고 있다.

서울 마포구 합정역 인근엔 2019년에 24층짜리 1인 가구용 임대주택이 들어설 예정이다. 금융회사인 미래에셋대우가 짓고 있다. 하나금융그룹도 문 닫은 은행 지점 5곳을 주거용 오피스텔로 바꾸는 중이다.

KT는 옛 전화국 부지를 활용해 2024년까지 오피스텔 1만여 실을 공급한다는 계획이다. 대학생, 사회 초년생 등 젊은 1인 가구를 위해 무인 택배함을 설치하고, 신용카드로 월세를 결제할 수 있도록 했다.[43] KT는 자회사인 KT에스테이트를 통해 '리마크빌'이라는 전문 임대주택도 출시했다. '리마크빌'은 1인 가구를 위한 초소형 오피스텔이 주를 이룬다. KT가 공급한 '영등포 리마크빌'에는 나 홀로 가구의 라이프스타일을 고려해 반려동물 입주가 가능한 '펫 존' 세대를 배치했다.

이 같은 기업형 임대주택은 일본에서는 크게 활성화되어 있다. 약 60만 가구를 관리하는 일본의 기업형 임대주택 1위 기업 레오팔레스21은 1인 가구가 거주하기 편리하도록 빌트인 가구가 설치된 주거 공간과 애완동물공생형, 여성전용, 도심형, 교외형 등 다양한 라이프스타일을 고려한 주택을 공급하고 있다.

세대 분리형 아파트 인기

일부 건설사들은 1~2인 가구와 3~4인 가구를 모두 충족시키는 '세

집 일부 임대(예시)

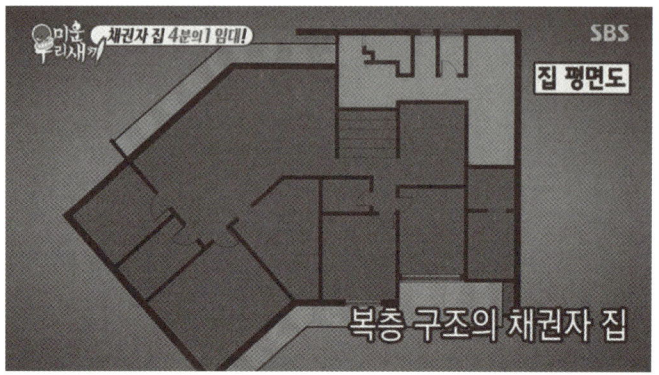

자료: SBS 〈미운 우리 새끼〉 캡처

대 분리형' 아파트를 내놓아 호응을 얻고 있다. SBS에서 방영 중인 〈미운 우리 새끼〉에 출연한 이상민이 살고 있는 아파트가 세대 분리형 아파트다.

'한 지붕 두 가족' 형태의 세대 분리형 아파트는 '부분 임대형' 아파트로도 불린다. 세대 분리형 아파트는 임대 목적 혹은 가족 간에도 공간 분리가 필요한 거주자들을 위해 집을 두 채로 분리 설계한 아파트다. 통상 현관 출입구가 별도로 설치된 '방 2개+화장실+주방', '방 1개+화장실(주방)' 등으로 공간이 두 부분으로 분리돼 있다. 실거주와 임대가 동시에 가능한 형태다. 이 중에서 '방 1개+화장실(주방)'로 구성된 작은 공간이 초소형 아파트로 활용할 수 있는 규모다.

세대 분리형 아파트는 금융위기 직후인 2009년 부산에서 벽산건설이 '벽산블루밍 장전 디자인시티'를 분양하면서 처음 선보였다. 부산대와 담장을 마주하고 있는 단지 특성상 입주자의 선택 폭을 넓히고 임대사업의 기회까지 제공할 수 있다는 점에서 착안한 설계였다. 이어 2014년 한라가 분양한 시흥 배곧 한라비발디 캠퍼스에도 전용 119m² 타입 138가구가 세대 분리형 평면으로 설계됐다. 현대산업개발이 2016년 10월 분양한 신촌숲 아이파크에도 전용 84m² D 타입에 세대 분리형 설계가 적용됐다. 주변에 연세대, 서강대, 이화여대, 홍익대 등 대학교가 많다는 점에서 임대 수요가 풍부한 지역이라는 점을 고려한 것이다.

　세대 분리형 아파트는 별도의 주방과 화장실, 현관을 설치하여 독

부분 임대주택 사례(기존 주택을 2개 주택으로 분리)와 평면도 예시

• 기존 주택(78.5m²)을 2개의 독립주택 (57.5m²/20.95m²)으로 분리

자료: 소우겐 코퍼레이션(좌), 중흥건설(우)

립적인 생활이 가능하다. 자녀를 가까운 곳에 분가시키려는 중장년층이나 실거주 겸 임대수익을 거두려는 수요자들 사이에서 인기를 모으고 있다. 일본에서도 이 같은 장점을 가진 세대 분리형 주택이 도쿄 역세권 등을 중심으로 인기를 모으고 있다.

분리된 두 공간을 아예 임대 전용으로만 활용할 수 있도록 초소형 원룸을 2개 포갠 형태의 세대 분리형 아파트도 등장했다. 중흥건설은 최근 서울 영등포에 총 308가구 규모의 '영등포 중흥S-클래스'를 분양하면서 전용면적 55m² 아파트를 선보였다. 별도의 출입문이 있는 원룸 2개실(전용 24·28m²)을 붙여 놓은 평면으로 1가구를 계약해 2가구를 동시에 임대할 수 있는 신개념 평면이다. 실거주 목적의 1~2인 가구나 이들을 겨냥한 임대 목적의 투자자들을 겨냥했다. 24m²는 7평 정도의 작은 면적이지만 침대와 거실, 부엌, 드레스룸이 설치돼 거주에 불편함이 없도록 설계했다. 24m², 28m², 55m², 84m² 등으로 구성된 이 단지는 일반분양 174가구 가운데 41가구가 초소형 아파트다. 1~2인 가구에 최적화된 단지 설계라고 볼 수 있다.

통상 세대 분리형 아파트는 편의시설이 잘 갖춰져 있어 인근 오피스텔이나 원룸보다는 월 임대료가 높은 편이다. 임대인 입장에서는 거주와 상대적으로 높은 임대수익이라는 일석이조를 얻을 수 있는 상품이다. 임차인 입장에서는 월세 부담이 다소 높지만 아파트 단지 내 주차가 편리하고 커뮤니티 시설을 이용할 수 있다는 점에서 주거 만족도를 높일 수 있다.

세대 분리형 아파트 평면(예시)과 주요 세대 분리형 공급 단지 현황

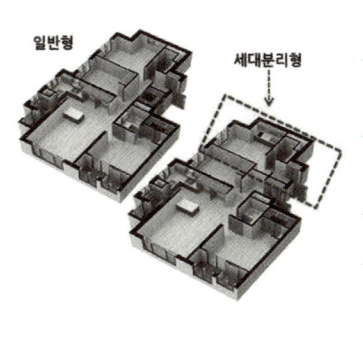

지역	단지명 (입주 시기)	세대 분리형 가구 수
마포구 신수동	신촌숲 아이파크 (2019.08)	46가구
종로구 무악동	경희궁롯데캐슬 (2019.10)	12가구
동작구 흑석동	아크리리버하임 (2019.01)	44가구
용산구 효창동	롯데캐슬 센터포레	12가구
중구 만리동	서울역센트럴자이 (2017.08)	47가구
마포구 현석동	래미안웰스트림 (2016.02)	62가구

자료: 대림산업(좌), 각 건설사(우)

낡은 중대형 아파트를 세대 분리형으로 개조해 거주와 임대사업을 병행하는 사례도 확산되고 있다. 전용면적 144m^2 아파트의 구조를 바꿔 99m^2, 45m^2 두 채로 분리한 뒤 작은 공간에 세를 놓는 식이다.

마이너스 재건축 인기

재건축 시장에서도 1~2인 가구를 겨냥해 평면 구성에 변화 움직임이 감지된다. 기존 중대형 평형을 중소형 위주로 바꾸는 이른바 '마이너스 재건축'[44]이 그런 사례다. 중대형 아파트 한 채를 중소형 아파트, 초소형 아파트 두 채로 쪼개는 형태다. 이런 방식은 분양 물량이 늘어나 사업성도 높아진다는 점에서 호응을 얻고 있다.

마이너스 재건축 방식을 도입하면 1~2인 가구에 적합한 초소형 아파트를 설계에 반영하기 쉽다. 불과 10년 전만 해도 재건축을 통해 기존 면적보다 작은 면적의 아파트를 배정받으면 조합원(주민)들의 반발이 심했으나 소형 아파트의 인기와 맞물려 트렌드가 크게 달라지고 있다.

현재 재건축을 추진 중인 서울 송파구 가락 1차 현대 아파트는 전용면적 84㎡와 123㎡로 이루어져 있는데, 이를 전용면적 44~102㎡ 915가구로 재건축하는 안을 추진 중이다. 집 크기를 기존보다 줄여 가구 수를 늘리는 방식이다. 자녀가 모두 출가해 굳이 넓은 집을 갖고 있을 필요가 없는 조합원들이 있는 데다, 일반분양 물량이 늘어나는 만큼 그 수익으로 조합원들의 분담금도 낮출 수 있기 때문이다.

중대형 평형으로 구성된 서울 강남권 단지들은 기존 용적률이 높아 사업성이 높지 않은 사례가 많다. 그러나 마이너스 재건축 방식을 활용하면서 기존 주민들이 평형을 낮춰서 가면 사업성이 크게 개선된다. 같은 용적률로도 더 많은 일반분양분을 확보할 수 있다.

서울 송파구 오금동의 가락 상아 1차 아파트도 마이너스 재건축 방식을 추진하고 있다. 이 단지는 1984년 용적률 194%를 적용해 226가구 규모로 지어졌다. 기존 전용면적은 60·107·123㎡ 등인

마이너스 재건축을 추진 중인 단지

단지 이름	구분	현재	재건축 후
가락 1차 현대	전용 85m² 이하	228	705
	전용 85m² 초과	286	210
	총가구수	514	915
삼환 가락	전용 85m² 이하	384	906
	전용 85m² 초과	264	176
	총가구수	648	1,082
가락 극동	전용 85m² 이하	195	930
	전용 85m² 초과	360	140
	총가구수	555	1,070

자료: 서울시

데, 이를 전용면적 44~114m² 크기로 바꿀 예정이다. 기존 154가구이던 중대형(전용 107·123m²)은 25가구(전용 114m²)로 대폭 줄인다. 1984년 준공된 송파구 가락 1차 현대, 가락 극동, 삼환 가락 아파트 등도 마이너스 재건축을 추진 중이다. 555가구(전용 59~149m²) 규모의 가락 극동 아파트는 재건축 후 1,070가구(전용 45~124m²) 규모로, 648가구(전용 72·84·121m²)의 삼환 가락 아파트는 1,082가구(전용 45~122m²) 규모로 재건축하는 방안을 추진 중이다.

낡아가는 1기 신도시의 '해법'

마이너스 재건축은 준공된 지 30년이 가까워지고 있는 경기 성남시 분당신도시나 고양시 일산신도시 등 1기 신도시에 적합한 방식이기도 하다. 기존 용적률이 높아 일반적인 방식의 재건축을 시도해도 수익성이 높지 않은 한계를 극복할 수 있다.

고양시는 마이너스 재건축과 비슷한 '마이너스 리모델링'을 허용하는 '고양시 공동주택 리모델링 기본 계획안'을 2018년 4월 30일 승인했다. 기존 주택 평면을 나누는 세대 분리형 공사를 추진해 임차 가구를 늘리는 방식이다. 고양시 일대 총 460개 단지(20만 7,815가구)가 대상으로, 일산신도시 134개 단지, 화정지구 21개 단지, 행신지구 18개 단지, 능곡지구 15개 단지 등이 이에 해당한다. 고양시는 이 가운데 국민주택 규모(전용면적 85m²)를 초과하는 중대형 아파트는 기존 아파트 평면을 둘로 나누는 세대 분리형으로 유도할 계획이다.[45]

고양시 리모델링 가능 단지 통계

구분	단지 수	가구 수
일산 서부	166	7만 4,041
일산 동부	112	5만 7,884
덕양 북부	32	8,663
덕양 남부	150	6만 7,227
계	460	20만 7,815

자료: 고양시청

1인 가구의 대안적 주거 모델, 셰어하우스

인기 시트콤이었던 〈프렌즈〉나 〈남자 셋 여자 셋〉을 기억하는 독자들이 많을 것이다. 등장인물들은 각자 침실은 따로 있지만 거실과 주방 등을 공유하는 주택에 거주한다. 이런 형태의 주거 공간이 셰어하우스다. 뉴욕, 도쿄 등 주거비 부담이 크고 1~2인 가구 비율이 높은 대도시에서 먼저 시작된 거주 형태다. 사실상 방 한 칸 단위로 운영되는 셰어하우스야말로 초소형 부동산의 전형이라 할 만하다.

셰어하우스는 대표적인 공유경제 방식의 주거 형태다. 공유경제란 자산을 굳이 소유하지 않아도 그 가치를 소비할 수 있는 방식의 경제 모형이다. '싱글슈머single+consumer'로서 혼자 모든 것을 구매하기 어려운 1인 가구의 대안적 소비 모델이기도 하다. 차량 공유 서비스를 제공하는 우버Uber나 숙박 공유 시스템을 구축한 에어비앤비Airbnb가 대표적인 공유경제형 기업들이다.

셰어하우스는 한국에서 2~3년 전부터 급격히 늘어나는 추세다. 셰어하우스에 대한 종합적인 통계 자료를 파악하기는 어렵다. 다만 셰어하우스 전문 기업 '컴앤스테이'의 등록 매물을 보면 2015년 116곳(855개 침대)였던 셰어하우스는 2017년 489곳(3,561개 침대)으로 급증했다. 다른 셰어하우스 운영 업체 등을 고려하면 적어도 7,000~8,000여 실이 셰어하우스로 운영 중인 것으로 추산되고 있다.

1~2인 가구가 증가하고 인건비 상승이 물가 상승을 따라잡지 못하는 상황에서 주거비 부담을 줄일 수 있는 셰어하우스 수요는 계속 늘어날 것이란 견해가 지배적이다.

2017년 초에 대통령 직속 청년위원회가 민 19~34세 세입자 525명을 대상으로 진행한 온라인 설문 결과, 응답자의 절반에 가까운 46.7%가 "셰어하우스에 살고 싶다"고 답했다. 응답자의 절대 다수(77.6%)는 '저렴한 비용'을 선택의 이유로 꼽았다. 이런 상황을 맞아 셰어하우스 투자 움직임도 가속화될 전망이다.

현재 국내에서 셰어하우스를 운영하는 업체는 우주(www.woozoo.kr), 보더리스 하우스(www.borderless-house.com), 컴앤스테이(www.comenstay.com), 함께 꿈꾸는 마을(www.maeulstory.com) 등이 있다.

개인이 소규모로 운영하는 셰어하우스도 많다. 방의 개수가 여러 개인 단독주택은 물론이고 연립주택, 아파트 등 공동생활이 가능한

연도별 셰어하우스 증가 추이 및 주택 형태별 현황

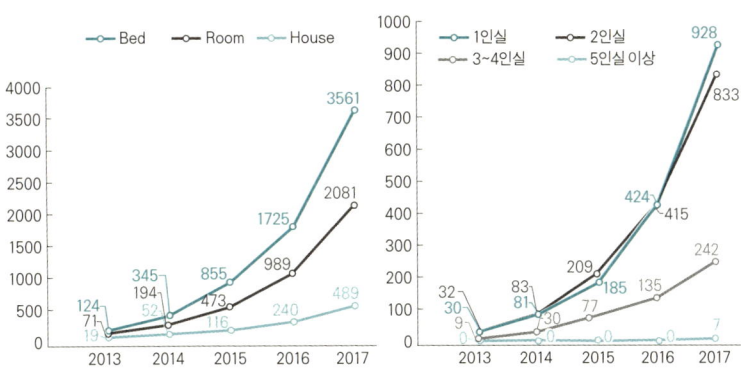

자료: 컴앤스테이

연도별 주택 현황별 방 현황

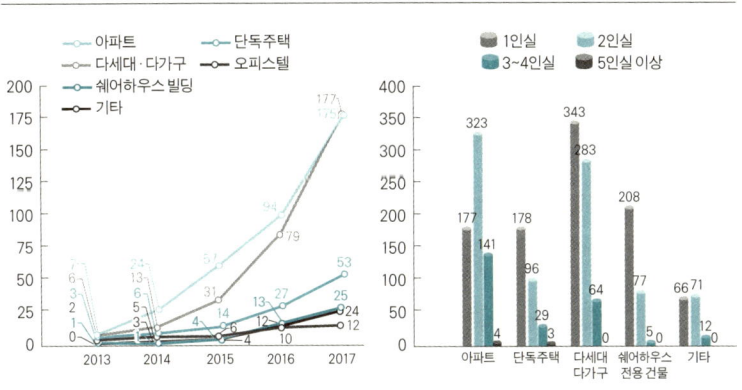

자료: 컴앤스테이

주택에서 모두 운영이 가능하다. 위의 그래프를 보면 거주 형태로는 1~2인실이, 주거 유형으로는 아파트나 다가구·다세대주택이 압도적이라는 걸 알 수 있다. 보통 방 3~4개에 화장실 2개가 딸린 주택이 적합하다. 월세는 통상 35만~50만 원 선이다. 보증금은 보통 2개월분의 월세 정도로 정해진다.

셰어하우스는 홍대·신촌 일대, 강남역 주변 등 월세가 비싼 지역일수록 유리하다. 원룸이나 고시원보다 쾌적하면서 보증금과 월세가 상대적으로 저렴해 경쟁력이 있기 때문이다. 셰어하우스는 특히 은퇴를 앞둔 5060세대의 노후 수입원으로도 매력적인 수단이다. 규모의 경제라는 성격을 갖기 때문에 대형 아파트나 단독 건물을 소유한 투자자들의 수익률은 더 높아진다.[46]

셰어하우스의 주요 임차인들은 대학생, 유학생, 직장인 등이다. 성별로는 깨끗한 주거 환경과 치안·안전을 중시하는 여성이 더 선호하는 것으로 알려져 있다. 관련 업계에선 여성 전용 셰어하우스가 전체의 80%를 넘는 것으로 추산한다.

코오롱글로벌은 서울 압구정동, 청담동, 여의도 등의 대형 아파트나 단독주택 등을 리모델링해 여성 1인 가구 전용 셰어하우스인 '커먼타운' 11곳을 운영 중이다. 셰어하우스 선호도가 높은 여성 수요를 겨냥한 사업 모델이다. 여성 1인 가구의 라이프스타일에 맞춰 인테리어와 보안을 강화하는 한편, 고급 매트리스와 주방 용품, 개인 식기까지 갖추고 있다.

서울시도 집 없는 대학생을 위한 공공임대 셰어하우스인 '두레주택'을 운영 중이다. 은평구 가좌로의 '산새마을'이나 동대문구 망우

로에 있는 '휘경마을' 등은 보증금 500만~1500만 원에 월 임대료는 5만 8,000원에서 24만 6,000원 사이에 책정돼 있다. 2년에서 최대 6년까지 거주할 수 있다.

섹션·공유 오피스, 초소형 상가

부동산 시장의 메가트렌드로 떠오르고 있는 '다운사이징' 경향은 주거용뿐만 아니라 업무용 공간으로도 번지고 있다. 스타트업(신생 벤처기업), 청년·베이비부머 창업 등 1인 창업이 늘어나면서 최소 20~30m² 면적의 '칸 단위'로 쪼갠 사무실 수요가 급증하고 있기 때문이다. 중후장대重厚長大 산업이 경박단소輕薄短小 형태로 바뀌고 있는 흐름과도 관련이 있다.

초소형 사무실의 대표 주자는 '공유 오피스'나 '섹션 오피스' 등이다. 이용자 맞춤형 시설, 다운사이징, 부대 시설 공유 등의 특징이 있는 이들 오피스는 필요한 공간만 사용해 비용은 줄이고 업무 효율성은 높이는 스마트 워크smart work가 확산되면서 인기를 끌고 있다.[47]

연도별 1인 창업 증가 추이(2013~2016)

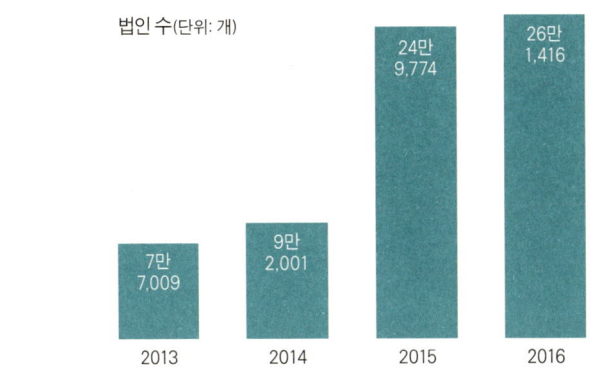

자료: 중소벤처기업부

　1인 창업 기업이나 2~5인의 소규모 스타트업들은 전통적인 개념의 넓고 거창한 오피스 빌딩이 필요가 없다. 이런 기업이 일하기 적합한 사무실이 바로 공유 오피스나 섹션 오피스다. 컴퓨터 등 업무에 필요한 공간 외에 회의실, 휴게실, 화장실(샤워실), 복사기, 자료실 등은 입주한 기업들이 서로 공유한다. 침실 이외의 공간은 함께 사용하는 셰어하우스와 비슷한 형태다. 공용 공간을 통해 이종 업체 간 인적, 물적 교류가 이뤄지면서 시너지 효과를 내는 사례도 적지 않다.

　섹션 오피스는 보통 전용면적 20~30m² 크기다. 4~5개의 책상을 놓을 수 있는 소형 사무실 전용이다. 필요에 따라 사무 공간을 더 넓히는 것도 가능해 입주 기업의 다양한 입맛에 맞출 수 있다. 회의실과 화장실, 카페테리아, 복사기 등은 공용으로 제공한다. 입주 기업은 필요한 전용 공간만 빌려 쓰기 때문에 비용 절감이 가능하다. 서울 도심을 비롯해 산업단지를 배후로 둔 수도권이나 신도시 등으로 빠르게 확산하고 있다.

최근 2년간 서울 마곡지구, 위례·문정지구, 경기 수원 광교신도시, 화성 동탄2 신도시 등에서 공급된 섹션 오피스는 50곳을 넘었다. 호반건설이 경기 시흥 배곧신도시에서 공급하는 아브뉴프랑 센트럴 내 섹션 오피스는 456실(전용면적 36m²)에 달한다.

기존 오피스빌딩을 개조해 섹션 오피스로 분양하는 사례도 등장했다. 국내 최대 부동산 자산 운용사인 이지스는 서울 신도림동의 빌딩을 매입한 뒤 소규모 사무실로 개조한 신도림 핀포인트를 분양했다. 지하철 2호선 시청역 앞에 있는 유원빌딩도 일부 층을 사무실로 분할해 분양하고 있다.

서울 도심에서는 공유 오피스의 질주가 무섭다. 부동산 투자 자문 회사 알투코리아에 따르면 1~2년 사이 서울에만 34곳(12만 6,000m², 2017년 10월 기준)의 공유 오피스가 문을 열었다. 기존 오피스를 공유형으로 개조한 사무실이 인기를 누리고 있다. 회의실이나 휴게실 등을 입주 업체들이 공유하는 게 특징이다. 세계 최대 공유 오피스 업체인 미국계 위워크WeWork는 2017년 8월 서울 서초동에 첫 지점을 낸 이후 을지로, 삼성동 등으로 보폭을 넓히고 있다. 네덜란드 암스테르담에 본사를 둔 스페이시즈도 2017년 9월 종로 그랑서울타워에 2,000m² 규모의 사무 공간을 확보했다. 이든비즈, 드림플러스 등 국내 공유 오피스 업체도 이들과 경쟁하고 있다.

현대카드 역시 2017년 1월 스타트업(신생 벤처기업)을 지원하기 위해 서초동 홍우빌딩에 스튜디오블랙을 열었다. 건물 8~12층에 1인당 월 35만~40만 원의 서비스료를 받는 방식으로 총 140실의 소규모 사무실을 운영하고 있다. 한화생명도 2017년 7월부터 서울 신사동에 총 15층 규모의 드림플러스강남을 운영 중이다.

공유 오피스는 이미 전 세계적인 현상이기도 하다. 미국 뉴욕에서 시작한 위워크는 전 세계 53개 도시에서 226개의 지점을 운영하고 있다. 위워크 서비스 이용자만 10만 명이 넘는다.

최근 들어서는 지식산업센터의 내부 평면 구조도 소형화되는 추세다. 오피스텔을 거주 공간이 아닌 본래 목적인 업무 공간으로 활용해 창업하는 사례도 많다.

세계 최대 공유 오피스 업체 위워크가 운영 중인 공유 오피스(삼성동)

자료: 위워크

다운사이징 형태로 운영되는 오피스 빌딩

	기존 오피스	섹션 오피스	지식산업센터	임대 전용 공유 오피스	오피스텔
공급 지역	서울 강북 도심, 여의도, 강남 테헤란로	서울 강남권, 수도권 주요 택지지구	테크노밸리 및 산업단지	서울 강북 도심, 강남 테헤란로	수도권 역세권
면적	대규모 (층별, 건물별)	소규모(30㎡ 안팎)~대규모	100㎡ 이상(최근 섹션형 물량 공급 증가)	소규모(30㎡ 안팎)~대규모	소규모(30㎡ 안팎)~대규모
투자 주체	기관 투자가, 대기업	소규모 법인, 개인 투자자	중소, 대기업, 기관 투자가	임대사업자	개인 투자자
임차 주체	주로 법인	법인 (업종 제한없음)	법인(첨단, 도시형 제조업, 지식기반 산업, 정보통신 관련 산업으로 업종 제한)	개인, 법인	개인, 1~2인 창업가
개별 등기 유무	대부분 개별 등기 불가(오피스 가치 하락 우려)	호실별 개별 등기	호실별 개별 등기	개별 등기 불가	호실별 개별 등기
임차 기간	상기 임사인 중심(기업 사옥용 등)	2년 이상 장기 임차 수요 (업무 관련 업종 제한 없음)	2년 이상 장기 임차 수요	장단기 임차 다양	2년 미만 단기 주거용 임차 수요
세제 혜택	X	X	취득세 50%, 재산세 37.5% 감면 (의무입주기간 5년)	X	X

자료: 한국경제신문

작은 상가도 우후죽순

상가시장에도 다운사이징 현상이 본격화되고 있다. 투자자들이 분양가 부담을 덜 수 있는 데다, 1~2인 가구 증가에 따른 '나 홀로 고객' 등에 최적화된 소규모 강소 점포의 창업이 늘고 있어서다.

상가정보연구소에 따르면, 최근 2년 내 수도권에 공급된 주요 상가 1층 면적의 90% 이상이 전용면적 50m^2 이내로 나타났다. 2층도 소규모 분양이 늘어나는 추세다. 이런 현상은 무엇보다 상가 분양가의 꾸준한 상승과 무관치 않다는 것이 상가업계의 분석이다. 투자자들이 선호하는 통상 5억~8억 원 금액대의 상가를 분양하려면 상가 면적이 작아질 수밖에 없다.

나 홀로 고객도 다운사이징 현상을 부추기는 요인으로 꼽힌다. 1~2인 단위의 소비자들이 늘어나면서 굳이 큰 점포가 필요 없어진 까닭이다. 취업난의 여파로 소자본 창업 자영업자들이 늘고 있는 것도 소규모 상가 수요가 늘어난 배경이다.

요즘 우후죽순처럼 늘어나고 있는 2,900원짜리 식빵 전문점도 이런 사례다. 식빵 전문점은 특별한 기술 없이 1인 창업이 가능해 '불황형 창업'으로도 불린다. 1인 가구와 맞벌이 가구가 늘면서 식사 대용으로 빵을 찾는 경우도 많아졌다. 한국농수산식품유통공사$_{aT}$에 따르면 빵 소매 매출은 2012년 2,500억 원대에서 2017년 3,659억 원으로 늘었다. 33m^2 미만의 작은 공간만 있으면 인테리어비용과 각종 제빵 설비를 포함해 5,000만~7,000만 원으로 점포를 낼 수 있다. 혼자서도 빵집 운영이 가능해 직원 고용과 최저임금 인상에 따른 인건비 부담을 신경 쓰지 않아도 된다. 프랜차이즈업계에 따르면 2017년 가맹 사업에 본격적으로 뛰어든 식빵 전문점은 현재 전국에 400개가 넘는다. '갓식빵', '또아식빵', '빵선생', '식빵공장', '바른식빵', '한나식빵', '빵사부', '식빵공장' 등 프랜차이즈 브랜드만 20개를 넘어섰다. 1km 반경 안에 10개의 점포가 있는 지역도 등장했다.[48]

이런 분위기에 편승해 일부 프랜차이즈 브랜드들도 창업 시 면적 제한 벽을 허물고 있다. '김민영 왕호떡'을 비롯해 반찬 가게 브랜드인 '오레시피', '진이찬방' 등은 3.3m²짜리 점포 창업이 가능하다. 한방차 프랜차이즈 '오가다'도 초소형 매장용 '오가다 더 심플'을 2017년 출시했다. '셀렉토커피' 브랜드는 최근 26m²부터 창업이 가능하도록 규정을 변경했다. 상가업계에 따르면 창업비용 5,000만 원대 이하의 소자본 카페 프랜차이즈는 53개로 전체 프랜차이즈 카페 브랜드(332개)의 16%를 차지한다. 일반 카페 창업비용의 절반 이하 수준이다.

상가 다운사이징 현상이 가속화되면서 소형 상가의 임대료도 오르는 추세다. 소규모 상가가 몰려 있는 골목 상권이 부활하고 있는 것도 임대료 상승의 원인이 되고 있다.

한국감정원에 따르면 2017년 이면도로나 주택가 등에 있는 소규모 상가의 임대료가 처음으로 면적이 큰 중대형 상가를 추월했다.

협소주택과
도시형 생활주택

서울 노후 단독·다세대주택 밀집 지역에서는 협소주택 바람이 불고 있다. 협소주택은 60m² 안팎의 좁은 땅에 3~4층 높이로 지은 건축물을 말한다. 대지 면적은 좁지만 용적률을 200% 가까이 올려 사용공간을 넓힌 게 특징이다. 주로 도심 자투리땅을 활용해 짓는데, 이런 협소주택이 1~2인 가구용 주택으로도 주목받고 있다.

일본이 원조인 협소주택은 우리나라에서 5~6년 전쯤 등장했다. 주로 낡은 빌라나 단독주택이 남아 있는 용산구, 성북구 등에 많이 지어지고 있다. 요즘 협소주택의 메카로 떠오르고 있는 곳 가운데 하나는 용산구 후암동 일대다. 2~3년 전부터 빌라 등을 허물고 새로 지어진 협소주택만 약 30채에 이른다.[49]

서울 마장동 소재 협소주택 외관

- 72m² 땅에 연면적 151m²(지하 1층~지상 3층), 일부 공간은 임대용으로 설계됐다.
자료: Architects H2L

서울 마장동의 72m² 땅에 3층 높이로 지어진 힌 협소주택은 집주인 공간 외에 1인 가구나 자녀 없는 신혼부부를 대상으로 세를 놓고 있다. 합정동에 들어선 한 협소주택은 일부 공간을 게스트하우스로 활용하고 있다.

치솟는 아파트 값에 차라리

협소주택을 찾는 수요는 2014년 이후 서울 아파트값과 전셋값이 치솟으면서 더욱 늘어나는 추세다. 전셋값과 협소주택을 짓는 비용이 비슷하기 때문이다. 협소주택 건축비는 연면적 기준으로 3.3m²당 600만~700만 원. 입지에 따라 차이가 있지만 대체로 대지면적 66m² 기준으로 서울 강북권에서는 6억~7억 원 선에 지을 수 있다.

아파트 같은 천편일률적인 공간에서 벗어나고 싶은 신세대가 늘어나는 것도 협소주택이 인기를 끄는 요인이다. 협소주택은 구조나 외관이 비슷비슷한 아파트나 다가구, 빌라 등과 달리 개성 있는 설계를 반영하는 것이 일반적이다. 협소주택의 주 수요층도 30~40대의 1~2인 가구다.

임대수익을 올릴 수 있는 것도 협소주택의 장점이다. 임대수익과 주거라는 두 마리 토끼를 잡을 수 있다. 일반적으로 협소주택 1층엔 상가를 들이는 경우가 많다. 주로 카페나 음식점, 꽃집 등이 들어선다. 건물의 일부 층을 1~2인 가구에 세를 놓는 건축주도 많다. 엔디

낡은 단독·다세대주택에 둘러싸인 서울 후암동의 한 협소주택 외관과 내부

자료: 공감건축

서울 석관동 협소주택 외관(좌)과 청담동에 들어선 '포란' 내부(우)

• 71m² 대지에 5층(연면적 142m²)으로, 1층은 임대료가 가능한 근린생활시설로 구성됐다(좌).
자료: 공감건축(좌), 건축사사무소 이담(우)

하임, 더존하우징, 코원하우스 등 이름 있는 단독주택 시공 업체들도 협소주택 개발에 적극 나서서 설계, 시공부터 AS까지 제공하고 있다.

물론 장애물도 있다. 도심 내 자투리땅이 많지 않고 건축법도 까다롭다. 현행법상 인접 도로 폭이 4m 이상인 곳에서만 건물을 지을 수 있다. 옆 건물과는 50cm 이상 거리를 띄워야 한다.

 협소주택의 원조는 일본, 맞벌이 부부가 선호

협소주택의 원조인 일본에선 '오픈 하우스'란 협소주택 전문 건설사의 급속한 성장이 이슈가 되고 있다. 이 회사의 실적은 2013년 상장 시점에 비해 4배나 성장했다. 주가도 6,500엔대에서 최근 1만 500엔대로 급등했다.

이 회사는 도쿄 시내 신축 맨션(한국의 아파트) 평균 가격이 2017년 7,000만 엔(약 7억 2,000만 원)을 돌파한 점에 주목했다. 이 정도 가격이면 웬만한 사람은 엄두도 내지 못할 수준이다. 상대적으로 저렴한 협소주택에 눈을 돌리는 이들이 많을 것으로 판단했다. '도쿄에 집을 갖자'는 캐치프레이즈를 내걸고 적극적인 영업에 나섰다. 이 회사의 타깃은 연봉 500만 엔 정도의 평균 회사원. 지금까지 수도권 출퇴근권역에 단독주택을 가지는 건 불가능하다고 생각하던 이들이다. 고객 중엔 맞벌이 부부도 많다. 이 회사가 지은 협소주택에 입주한 거주자들의 60% 이상이 맞벌이 부부다. 이들은 출퇴근에 30분 이상 걸리는 걸 싫어한다. 낮에는 집에 없어 볕이 좀 안 들어도 신경 쓰지 않는다. 정원도 필요 없다. 아파트 층간 소음도 싫어한다.

이 회사는 평균 4,400만 엔(약 4억 5,000만 원) 정도에 협소주택을 공급한다. 이처럼 집을 저렴하게 공급하기 위해선 무엇보다 원재료인 땅을 저렴하게 매입해야 했다. 이를 위해 가격을 책정하기 어려운 삼각형 등 부정형 토지도 적극 매입했다. 어중간한 크기의 땅도 사서

3~4등분했다. 협상을 통해 자재 가격을 인하하여 건축비도 최대한 낮췄다. 이렇게 확보한 땅과 자재로 3층짜리 목조주택을 지어 공급하고 있다.

도시형 생활주택도 급증

협소주택보다는 대중적인 주거 형태인 도시형 생활주택도 '부담 가능한affordable' 초소형 주택으로 자리 잡고 있다. 1~2인 가구 증가에

서울 시내 도시형 생활주택 분포 현황

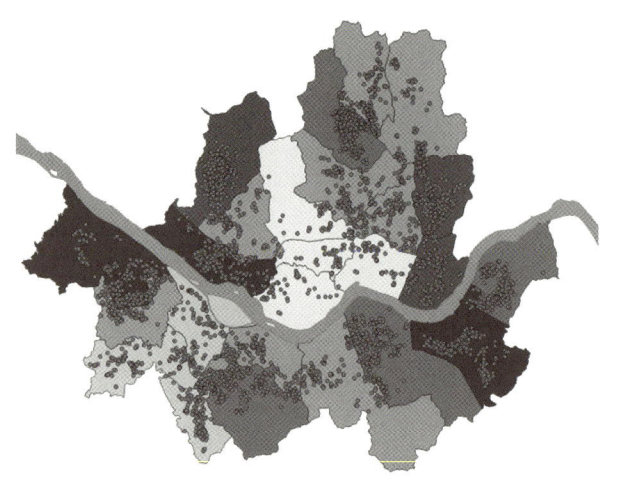

자료: 이정선, 「도시형 생활주택의 입지 분석에 관한 연구」, 서울시립대학교 도시과학대학원 석사논문 (2014. 8)

따라 서울에서 최근 5년간 인허가 승인을 받은 물량만 12만 가구에 이른다.

도시형 생활주택은 도심에서 늘어나는 1~2인 가구 수요에 발맞춰 '수요가 있는 곳에 필요한 사람에게' 소규모 주택 공급을 늘리기 위해 제도화됐다. 아파트 등 일반 공동주택과 달리 소음·가구당 주차 대수 등의 건축 기준이 대폭 완화돼 건설 업체도 비용을 절약할 수 있어 인기를 모았다.

도시형 생활주택 공급이 크게 늘긴 했지만 주차 공간이 부족해 불편하고 부대 서비스 시설도 취약해 주거 만족도가 떨어진다는 단점이 있다. 고소득 1~2인 가구의 수요를 충족시키기엔 한계가 있는 주거 양식이다. 아파트에 비해 보안도 취약한 편이다. 1~2인 가구 증가

공동주택과 도시형 생활주택 비교

구분	일반 공동주택 (아파트, 연립, 다세대)	도시형 생활주택 (단지형다세대, 원룸형)
감리	주택법 감리	건축법 감리
분양가상한제	적용	미적용
입지지역	도시·비도시지역	도시지역
전용면적	$297m^2$ 이하	단지형 다세대: $85m^2$ 이하, 원룸형: $12~50m^2$
건설 기준	「주택건설기준 등에 관한 규정」 적용	일부 건설 기준과 부대·복리시설 적용 제외 및 주차장 완화
공급 규칙	'주택공급에 관한 규칙' 적용	일부만 적용(분양보증, 공개모집)

자료: 국토교통부

오피스텔과 도시형 생활주택 비교

구분	오피스텔	도시형생활주택
관련법	주거·업무용	공동주택
용도지역	준주거지역·일반상업지역	3종 일반주거지역, 준주거지역
발코니	없음	있음
전용률	50~60%	70~80%
취득세	4.6%	1.1%
주택 수	주거용일 경우 포함	전용 $20m^2$ 초과 시 포함

자료: 국토교통부

세가 꺾이지 않는 한, 더욱 다양한 형태의 초소형 주택의 공급이 뒤따라야 한다는 주장이 나오는 것도 이 때문이다.

05
레고처럼 조립하는
모듈러 주택

2017년 12월 강원도 평창군 대관령면 알펜시아 리조트에는 지상 4층짜리 3개 동 규모의 호텔이 하나 완공됐다. 평창 동계올림픽 기간에 활동한 올림픽 국제방송 기자단 숙소로 사용된 건물이다. 총 300실이 들어선 이 건물을 짓는 데 걸린 시간은 7개월에 불과했다. 일반적인 철근 콘크리트 방식이 아닌 '모듈러 주택'으로 시공한 덕이다. 모듈러 주택은 이처럼 시공이 간편하고 공기工期가 짧아 각종 축제나 이벤트 현장의 건축물, 숙박시설 등의 건설에 유리하다.

  모듈러 주택은 레고블록처럼 조립하도록 고안된 신개념 주거 양식의 하나다. '모듈module'이라는 단위에 창호재, 마감재, 전기 설비 등의 건축 자재와 부품을 시공한 후 현장으로 운반해 주택으로 완성시

올림픽 국제방송 기자단 숙소 건설 과정과 완공 후 건물 내·외부 모습

자료: 포스코 A&C 홈페이지

키는 공법으로 건설된다. 완제품 혹은 건축 공정 70~80% 수준의 반제품을 공장에서 미리 작업한 후 주택 부지에서 조립과 마감 공사만 하는 최신식 공업화 주택을 의미한다. 글로벌 건축·설계업계에서는 미래 건축의 핵심 기술로 모듈러 주택을 꼽고 있다.

모듈러 주택은 설치와 해체가 간편해 이동식 주택으로도 활용이 가능하다. 주거 설비가 갖춰진 '컨테이너 박스'를 쌓는 방식을 떠올리면 된다. 하나의 모듈 단위는 1~2인 가구가 거주하기에 적당한 크기다. 간편 시공이 가능한 만큼 공사 기간과 비용을 크게 절감할 수 있다. 소득 수준이 높은 편이 아닌 1~2인 가구에 알맞은 '어포더블 하우스Affordable house(부담 가능한 주택)'의 성격을 갖고 있다. 초소형 주택의 효과적인 공급 수단으로 전문가들이 모듈러 주택을 눈여겨보는 이유다.

　국내 모듈러 주택은 학교 기숙사, 군부대 막사 위주로 보급되기 시작했지만 주거시설로 적용 범위를 넓히고 있다. 한국건설기술연구원에 따르면 국내 모듈러 주택 시장 규모는 2005년 150억 원에서 2013년 1,200억 원 규모로 성장했다. 2020년에는 1조 7,000억 원에

서울 가양동에 들어선 모듈형 행복주택 '라이품' 전경

자료: SH공사

달할 전망이다.

행복주택에도 모듈러 공법이 적용됐다. 2017년 12월 서울 강서구 가양동에 준공된 '라이품' 주택이 첫 사례다. 국토교통부 국가 R&D사업으로 건설기술연구원, SH공사, 포스코A&C가 합작해 가양동 공영주차장 부지에 세워진 이 주택은 지상 4층, 6층짜리 2개 동 30호 규모다. 충남 당진의 공장에서 제작이 완료됐으며, 가양동 현장으로 옮겨와 조립에 걸린 시간은 불과 나흘이었다.

모듈러 시장은 해외에서도 확장 일로다. 한국보다 일찍 모듈러 주택을 도입한 영국과 미국 등에서는 모듈러 공법으로 지은 고층 주택도 등장하고 있다. 영국의 모듈러 공법 시장은 1945~1960년 무렵부터 전후 복구 주택에 대한 수요로 시작됐다. 현재 영국에서 모듈러 공법의 시장 규모는 약 3조 원으로 민간 부분이 전체 시장의 55%를 점유하고 있다. 런던 해크니Hackney에 있는 5층 규모의 도심형 공동주택 '머레이 그루브Murray Groove' 아파트가 대표적인 사례다.

모듈러 건축이 가장 잘 발달된 국가는 독일이다. 가장 큰 모듈러 주택 생산 업체인 ALHO가 있다. 이 회사는 가족 수의 증가에 따라 유닛의 확장이 간편한 '1세대 주택'이라는 시스템을 개발했다.[50]

미국의 조립식 주택 시장도 2011년을 기준으로 약 50억 달러 규모로 형성됐다. 미국에서는 의료시설, 대학 기숙사, 제조시설, 저층 건물, 공공 건물 등 다양한 유형에서 모듈러 건축이 활용되고 있다. 일본 또한 모듈러 건축이 전체 주택 시장의 5~7%를 차지하고 있다.

우리나라 국내 민간 업체들도 모듈러 주택 개발이 속속 나서고 있다. 국내 첫 모듈러 주택은 2012년 7월 서울 강남구 청담동에 들어선 'MUTO 청담'이다. MUTO 청담은 연면적 513m², 지상 4층 규모

네덜란드 모듈형 주택 '실로담'Silodam

• 네덜란드 건축회사 MVRDV가 디자인한 모듈형 주택
자료: 피데스개발

컨테이너를 활용해 지은 영국의 재활용 호텔

• 영국의 호텔 체인인 트래블로지(travelodge)가 영국 최초로 컨테이너를 활용해 지은 재활용 호텔
자료: Apartment Therapy

일본 마리나 호텔 제작 과정과 외관

자료: 한국주거학회 논문집

의 원룸형 주택 18세대로 이뤄졌다. 가구별 전용면적은 약 21m²다. 당시 한 달 반 만에 공사를 마쳤다. 국내 부동산 개발 업체인 피데스 개발 등도 모듈형 주택 개발을 추진하고 있다.

6장

라이프스타일 변화와 초소형 주택 선호

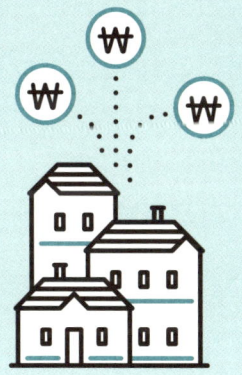

초소형 아파트는 요즘 청약 시장에서 가장 뜨거운 인기 상품으로 떠올랐다. 단지 내 최고 경쟁률을 기록하는 사례도 자주 나온다. 그만큼 달라진 주거 소비 패턴을 보여준다.

거주자들의 라이프스타일도 독특한 구석이 있다. '나 홀로 가구'는 말 그대로 혼자서 모든 걸 처리해야 할 때가 많다. 간소하고 간편한 의식주 문화를 추구한다. 홈쇼핑을 즐기고 스마트 기능을 중시한다. 여성들은 특히 보안 문제에 민감하다. 가족과 떨어져 외로움을 느끼기 쉬운 이들은 사회적 관계를 중시하기도 한다.

01
중대형 지고
초소형 뜨고

10년 전만 해도 아파트 분양 시장의 대세는 '중대형' 아파트였다. 전용면적 85m²를 초과하는, 40~50평대 아파트 청약에 인파가 몰렸다. 당첨만 되면 억대의 프리미엄이 붙기도 했다. 3.3m²당 분양가도 중대형이 중소형보다 훨씬 비쌌다. 이 무렵 분양한 단지들 가운데는 전용면적 85m²를 초과하는 중대형 평면으로만 구성된 단지도 흔하다.

  그러나 지금은 정반대다. 2008년 금융위기 이후 중대형 아파트의 인기는 급속도로 식었다. 미처 분양을 끝내지 못했던 사업장마다 입주 때까지 팔리지 않은 미분양 아파트가 수두룩했다. 일부 대형 아파트는 지금도 10년 전의 분양가 수준과 별 차이가 나지 않는다. 수요자들은 면적이 큰 아파트가 주거비 부담이 큰 데다 환금성도 떨어진다는 걸 깨달았다.

이런 상황에서 1~2인 가구는 크게 증가하고 있다. 중대형 아파트는 갈수록 설 자리를 잃고 있다. 여전히 넓은 집을 선호하는 일부 고소득층이나 육아, 취업 등의 이유로 부모와 거주하는 캥거루족族 정도가 중대형 아파트를 받쳐주는 수요층이다.

최근 몇 년간 중대형 아파트 공급이 줄어 희소성이 높아질 것이란 기대도 있다. 하지만 1~2인 가구 증가 속도를 고려하면 옛 영화榮華가 다시 찾아올 가능성은 커 보이지 않는다.

초소형 아파트 청약률 '고고高高'

분양 시장에서도 이런 변화가 뚜렷하다. 주거비 부담을 줄이고 실속을 중시하는 경향이 강해진 데다 환금성이 뛰어난 소형 아파트가 단연 인기다. 발코니 확장 허용도 소형 아파트 인기를 끌어올리는 기폭제 역할을 했다. 이제 중대형 아파트는 일부 최소한의 물량 외에 분양 시장에서 거의 눈에 띄지 않을 정도다.

소형 아파트 인기는 가구 변화와 함께 초소형 아파트로 옮겨붙고 있다. 청약 경쟁률을 보면 트렌드 변화를 확실히 감지할 수 있다. 2017년 4분기 서울에서 청약통장이 가장 많이 몰린 아파트는 힐스테이트 클래시안(신길9구역) 전용 49m²(145.5 대 1)였다. 앞서 2017년

6월에 대우건설이 선보인 고덕 센트럴 푸르지오 전용 40m²의 경쟁률도 77.8 대 1에 달했다. 반면 전용 59m² 4개 주택형은 3~8 대 1의 낮은 경쟁률을 기록했다. 비슷한 시기에 은평구 수색·증산 뉴타운에서 분양한 DMC 롯데캐슬 더퍼스트 전용 39m² 경쟁률도 12.6 대 1이었다.

2016년 11월에 분양한 서울 송파구 송파헬리오시티는 전용면적 39m²의 경우 139가구 모집에 1만 418명이 몰려 74.95 대 1의 경쟁률을 기록했다. 이 가운데 39m² C형은 4가구 모집에 1,338명이 청약해 경쟁률이 334.5 대 1에 달했다. 전용 39m² 분양권은 전매 제한이 풀린 2016년 6월경 4억 7,000만~4억 8,000만 원 선에 거래됐으나 2018년 1월에는 8억 7,000만 원에 실거래 신고가 됐다. 1년 반 만에 4억가량 오른 셈이다.

2018년에도 초소형 아파트 공급이 꾸준히 이어지고 있다. 코오롱글로벌이 2018년 3월 인천 부평구 부개동에 분양한 부평 코오롱 하늘채 922가구에도 초소형 평면인 전용 34m²가 108가구 포함됐다. 2018년 4월 서울 서초구 방배동 일대에 공급된 방배 서리풀 서해 그랑블 전용 39m²는 6가구 모집에 228명이 청약해 38 대 1의 경쟁률을 기록했다. 현대건설이 서울 서대문구 북아현동에 짓는 힐스테이트 신촌에도 각각 39m², 37m² 규모의 초소형 아파트가 들어설 예정이다.

재건축 조합원도 초소형 선호

일반분양자뿐만 아니라 재건축 조합원들에게도 초소형 아파트를 선호하는 현상이 나타나기 시작했다. 입주 후 임대사업을 노리는 조합원들도 있지만, 분담금을 많이 내지 않아도 되는 초소형 아파트가 실속 있는 주거 공간이 될 수 있다는 점에서다. 중대형 아파트를 선호하던 과거의 양상과 사뭇 달라진 풍경이다.

2018년 4월에 분양한 서울 마포 프레스티지 자이 아파트가 대표적인 사례다. 1,694가구로 구성되는 이 아파트는 조합원분을 제외한 396가구가 일반분양분이었다. 일반분양 물량은 전용면적별로 59m^2, 84m^2, 114m^2 등 세 가지로 구성됐다. 일반분양분에는 없지만 이 단지에는 39m^2, 42m^2 등 초소형 아파트도 들어설 예정이다. 이 가운데 39m^2는 총 128가구로 전량이 임대아파트로 배정된다. 42m^2 중 119가구는 임대 물량인데 나머지 16가구는 모두 조합원이 신청했다.

2018년 3월에 분양한 과천 위버필드(과천주공2단지 재건축)도 비슷했다. 총 2,128가구 중 조합원 물량은 1,614가구다. 35m^2(62가구), 46m^2(60가구) 등 초소형 아파트는 일반분양분으로 나오지 않고 모두 조합원 몫으로 돌아갔다. 초소형 아파트라도 발코니 확장 등의 평면 설계를 통해 예전보다 넓게 쓸 수 있는 만큼, 일부 자금이 부족하거나 실속형 주거를 원하는 조합원들의 선호도가 높아지는 추세다.

부평 코오롱 하늘채에 배치된 초소형 아파트 평면(좌)와
영등포 중흥S-클래스 전용 24m² 실내 모습(우)

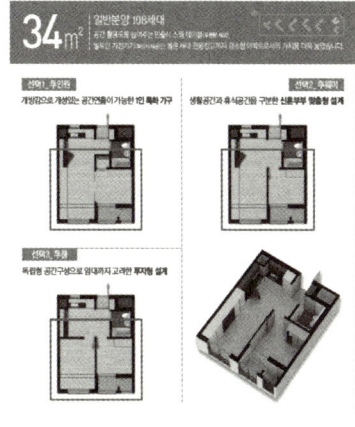

자료 : 코오롱글로벌(좌), 중흥건설(우)

이런 상황을 반영해 국내 초소형 아파트 공급 물량(일반분양 기준)도 서서히 증가하는 추세다. 부동산 114에 따르면 2017년 전국에 공급된 전용 40m² 이하 초소형 아파트는 3,289가구로 집계됐다. 이 가운데 절반 이상인 2,045가구가 서울에 공급됐다.

더 작아지는 오피스텔

원래 아파트보다 면적이 작았던 오피스텔도 몸집이 더 줄어들고 있다. 10년 전 전용 26~33m² 정도였던 원룸형 오피스텔 면적은 최근

$10m^2$대까지 대폭 줄어들었다. 최근 공급 물량을 보면 전용 $20m^2$ 이하가 대부분이다. 2017년 서울에 공급된 브랜드 오피스텔인 가산 센트럴 푸르지오시티와 영등포 뉴타운 꿈에그린 등은 전용면적 $17~18m^2$를 주력 평형으로 내세웠다. 5평 정도 규모다.

국토교통부가 정한 1인당 최소 주거면적인 전용 $14m^2$(4.2평)보다 작은 상품도 잇따라 등장하고 있다. 동작구 노량진동 태영오피스텔에는 전용 $10m^2$짜리가 있다. 초미니 오피스텔이지만 보증금 1,000만 원에 월세 55만 원을 받을 수 있다. 고시생이 많은 관악구 신림동의 도시형 생활주택 푸리마타운에도 전용 $12m^2$가 일부 포함됐다. 동대문구 답십리동 현대썬앤빌청계는 35가구가 전용 $13m^2$로 설계됐다.

수도권에서 최근 공급된 전용면적 50㎡ 이하 아파트

아파트	지역	전용면적 (m²)	면적별 일반 공급 가구 수 (특공제외)		일반 공급 (특공 제외)	총 가구 수	분양일	시공사
백련산파크 자이	서울 은평구 응암동	49~84	49m²	56	283	678	2016-06-22	GS 건설
답십리파크 자이	서울 동대문구 답십리동	49~84	49m²	91	289	802	2016-06-22	GS 건설
래미안 명일역 솔베뉴	서울 강동구 명일동	49~103	49m²	29	222	1900	2016-07-27	삼성 물산
북한산 두산위브	서울 서대문구 홍은동	33~118	33m²	1	214	497	2016-08-24	두산 건설
			42m²	2				
			50m²	5				
방배 마에스트로	서울 서초구 방배동	25~51	25m²	22	104	118	2016-10-26	한미 글로벌
			27m²	1				
			29m²	19				
			33m²	1				
			34m²	19				
			35m²	40				
			50m²	1				
안산초지역 메이저타운 푸르지오 에코단지	경기 안산시 단원구 원곡동	49~84	49m²	266	446	1244	2016-10-26	대우 건설
안산초지역 메이저타운 푸르지오 파크단지	경기 안산시 단원구 초지동	49~84	49m²	103	344	1238	2016-10-26	대우 건설

단지명	위치	공급면적	전용면적	세대수	총세대수	일반분양	분양일	시공사
안산초지역 메이저타운 푸르지오 메트로단지	경기 안산시 단원구 초지동	48~84	48m²	261	462	1548	2016-10-26	대우 건설
사당 롯데캐슬 골든포레	서울 동작구 사당동	49~97	49m²	19	523	959	2016-12-28	롯데 건설
DMC 롯데캐슬 더 퍼스트	서울 은평구 수색동	39~114	39m²	27	324	1192	2017-06-28	롯데 건설
			49m²	19				
고덕 센트럴 푸르지오	서울 강동구 고덕동	40~59	40m²	8	488	656	2017-06-29	대우 건설
상계역 센트럴 푸르지오	서울 노원구 상계동	48~59	48m²	12	211	810	2017-07-19	대우 건설
의정부 장암 더샵	경기 의정부시 장암동	25~99	25m²	27	485	677	2017-07-20	포스코 건설
			40m²	51				
녹번역 e편한 세상 캐슬	서울 은평구 응암동	44~114	44m²	13	412	2441	2017-11-01	대림 산업
백련산 해모로	서울 은평구 응암동	39~102	39m²	8	236	760	2017-11-01	한진 중공업
			43m²	5				
			50m²	28				
힐스테이트 클래시안	서울 영등포구 신길동	42~114	42m²	43	538	1471	2017-11-22	현대 건설
			49m²	6				
대야역 두산위브 더파크	경기 시흥시 대야동	39~84	39m²	92	818	1382	2017-12-13	두산 건설
광명 에코 자이위브	경기 광명시 광명7동	32~84	32m²	89	793	2104	2017-12-20	두산 건설
			40m²	95				
			49m²	238				
논현 IPARK	서울 강남구 논현동	47~84	47m²	41	76	293	2018-03-21	아이앤 콘스

부평 코오롱 하늘채	인천 부평구 부개2동	34~84	34m²	107	510	922	2018-03-28	코오롱 글로벌
당산 센트럴 아이파크	서울 영등포구 당산동5가	46~114	46m²	2	108	802	2018-03-29	현대산업개발
방배 서리풀 서해그랑블	서울 서초구 방배동	39~84	39m²	6	91	99	2018-04-04	서해종합건설
			49m²	4				
e편한세상 인창 어반포레	경기 구리시 인창동	39~84	39m²	63	247	632	2018-04-25	대림산업

자료 : 금융결제원

1~2인 가구의 주거 소비 성향

1~2인 가구라는 단어를 들으면 어떤 이미지가 떠오를까. 1~2인 가구의 특성을 어느 한두 가지로 표현하기란 사실 간단치 않다. 1~2인 가구의 라이프 유형은 대학생, 사회 초년생, 기러기 아빠, 이혼 가구(돌싱), 외국인, 시니어 싱글, 신혼·맞벌이 부부, 은퇴 부부, 딩크족 등 실로 다양하다.

  각자 처한 상황에 따라 주거 소비 형태도 다르게 나타난다. 우선 자녀 등 부양가족이 없는 1~2인 가구들은 자신의 삶에 투자를 아끼지 않는 편이다. '나래-바bar'처럼 바를 만들어놓고 인생을 즐기는가 하면 평소 하고 싶었던 버킷리스트를 실천하기도 한다. 이들은 최첨단 홈시어터, 헬스 기구, 와인 냉장고, 에스프레소 머신, 전자 악기 등

가구 형태별 가구 수 추이(좌)와 1인 가구 연령별 가구 수 추이(우)

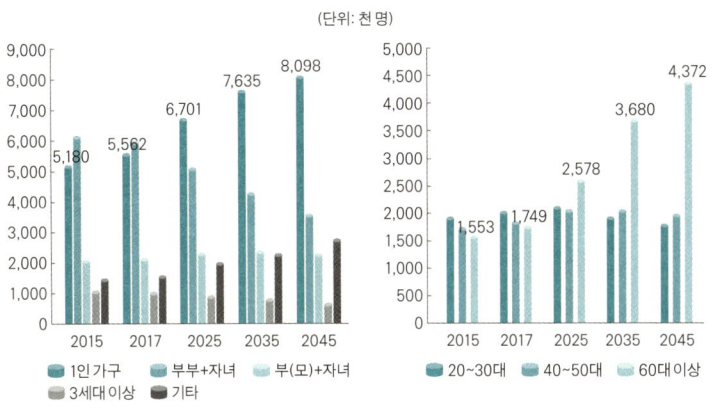

자료: 통계청, 「2015~2045 장래가구 추계」

의 설비들을 갖추고 여가생활을 보낸다.

이른바 '지옥고(반지하·옥탑방·고시원)'에서 헤어 나오지 못하는 사람들도 많다. 아르바이트에 허덕이거나 편의점 도시락으로 끼니를 때우는 일에 익숙한 것이 이들의 일상이다.

연구 기관이나 학계에선 라이프스타일에 따라 1~2인 가구를 분류하기도 한다. 강순주 건국대학교 건축학과 교수는 문화생활을 즐기며 여유 시간이 있으면 맛집을 찾아가 집 밖에서 시간을 보내는 '도회적 문화 향유형', 건강에 관심이 많고 미래의 행복을 위해 준비하는 '웰빙 추구형', 혼자서 인터넷이나 홈쇼핑을 자주 이용하는 '개인생활 지향형', 신제품이 출시되면 빨리 구매하고 현재를 위해 소비를 즐기는 '소비 추구형', 제품을 구입하기 위해 적극 광고와 정보를 활

용하는 '정보 추구형' 등으로 구분했다.[51]

　소득 수준과 연령에 따른 분류 방식도 있다. 경제력과 건강을 바탕으로 능동적인 삶을 추구하는 '고소득 시니어', 독거노인 등과 같은 '저소득 시니어', 경제력이 있는 맞벌이 부부나 독신남녀 등의 '고소득 젊은 층', 취업 준비생이나 신입사원 같은 '저소득 젊은 층' 등으로 나뉜다.[52]

스마트 홈, 보안 서비스 중시

이렇게 1~2인 가구 유형은 다양하지만 이들이 원하는 주거 서비스에는 몇 가지 공통점이 있다. 그중 하나가 스마트 홈 기능이다. 스마트 홈 시스템이란 TV, 에어컨, 냉장고 등 집 안의 모든 가전제품이 연결돼 세대 안팎에서 원격 제어가 가능한 기술을 말한다. 기본적으로 무선인터넷WiFi 접속이 가능하거나 초고속 인터넷망, IPTV(인터넷TV) 서비스 등이 갖춰진 주택을 선호한다. 정보통신IT 분야에 익숙한 청년층에서 이런 경향이 더욱 뚜렷하다.

　인터넷이나 모바일 애플리케이션을 통해 음식 배달이나 홈쇼핑 등 생활 밀착형 O2O Online to Offline 서비스를 이용하는 사람들이 많다. 예컨대 음식 배달 서비스인 배달의 민족, 요기요 등을 비롯해 카카오택시, 인터넷뱅킹, 쿠팡 등 소셜 커머스 등을 편리하게 이용할 수 있어야 한다. 한 번뿐인 인생에 충실한 욜로 성향을 가진 1~2인 가구들은 해외 직구를 선호하기도 한다.

가족 단위 가구에 비해 거주 기간이 짧은 1~2인 가구들은 직방, 다방 등 부동산 앱의 활용 빈도도 높은 편이다. 실제로 국토교통부가 2018년 5월 8일에 발표한 『2017년도 주거실태조사』 결과에 따르면, 청년 가구들이 한 집에 머무는 기간은 평균 1.5년으로 일반 가구(8년)보다 현저히 짧았다. 현재 살고 있는 주택에 거주한 기간이 2년 이내인 가구의 비율은 80.3%로 일반 가구(35.9%)의 배가 넘는 수준이었다.

범죄나 갑작스러운 사고에 대비할 수 있는 안전·보안 시스템에 대한 관심도가 높다는 것도 1~2인 가구의 특징이다. 집을 비우는 시간이 많은 만큼 무인경비 시스템, CCTV를 비롯해 무인 택배, 원격제어 시스템 등의 설비를 중시한다.

2017년에 분양한 경기 하남 미사강변도시의 W오피스텔은 1인 가구에 적합한 음성 인식 인공지능 기기를 비롯해 스마트 스위치(조명), 스마트 플러그, SOS 버튼, 열림 감지센서 등을 탑재했다. 음성 인식 기기를 통해 조명이나 스마트 플러그와 연결된 각종 전자기기의 전원 연결을 제어할 수 있다. LG유플러스나 KT 등 통신사들도 오피스텔 건설 업체들과 홈 IoT 플랫폼 구축 협약을 체결하고 인프라 확산에 주력하고 있다.

이런 1~2인 가구의 니즈needs에 맞춰 통신, IT 장비 개발도 속도를

스마트 홈의 예

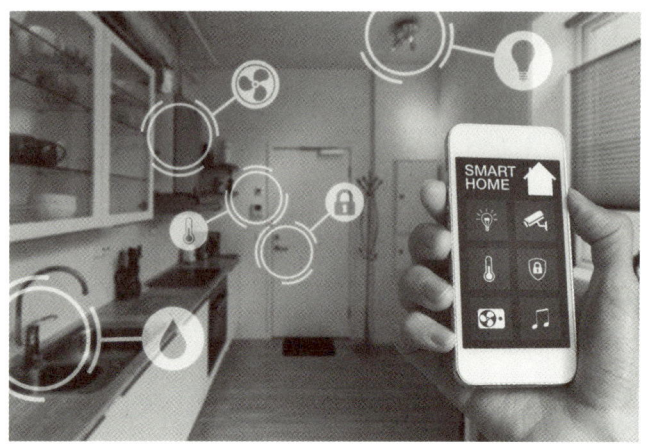

자료: 서터스톡

내고 있다. IoT(사물인터넷) 기술도 그 중 하나다. IoT는 인터넷을 기반으로 사물을 연결하는 첨단 IT 기술이다. IoT 설비가 갖춰진 오피스텔도 늘어나고 있다. LG유플러스는 2017년 혼자 사는 노령의 부모를 부양하는 자녀 세대를 겨냥해 실버 계층 특화 상품으로 '부모안심 IoT' 패키지를 출시했다. 스마트폰으로 부모의 외출·귀가 여부를 실시간으로 확인할 수 있고, 가스 밸브나 전열 기구를 켜두고 외출할 때는 원격으로 끌 수 있다.

거주 공간이 좁은 만큼 수납 공간에 대한 요구 수준도 높은 편이다. 자전거 거치대, 세탁 서비스 등을 원하는 1~2인 가구도 많다. 부평 코오롱 하늘채는 실내 거주 효율성을 극대화하기 위해 인출식

테이블을 설치하고 전용 창고를 제공했다. 가구 브랜드 까사미아는 2013년부터 비혼족을 겨냥해 좁은 공간을 효율적으로 활용할 수 있는 소형·다기능 가구를 선보이고 있다. 이런 다운사이징 가구의 매출은 해마다 50% 이상의 성장을 기록하고 있다.

거주 문화 키워드,
공유와 사회적 가족

서울 역삼동에 있는 'S라운지'는 영화 감상, 동호회 모임, 워크숍 등 20~30대 청년들의 여가 활동을 위한 공유 공간이다. 복합 빌딩 지하에 있는 공간을 이용할 수 있는데, 이를 셰어하우스 입주자들의 커뮤니티 활동을 위한 공간으로 활용하기도 한다. 시간 단위로 임대하기 때문에 3.3m²당 6만~8만 원 수준인 인근 지하층 오피스·상가의 임대료보다 2배 이상의 임대수입을 벌어들이고 있다. 합정동의 L셰어하우스 건물 옥상은 지역 청년들과 공유하면서 파티나 공연 등 다양한 문화 활동이 펼쳐지는 공간으로 활용되고 있다.53

나 홀로 가구는 외롭다. 자유로운 삶을 꿈꾸며 혼자 사는 걸 즐기는 사람도 있지만, 외톨이로 느끼지 않을 때까지다. '혼밥', '혼술'도

지나치면 마음의 병이 될 수밖에 없다. 경제적인 이유 등으로 어쩔 수 없이 홀로 살게 된 1인 가구는 더욱 그렇다. 반려동물을 키우는 1~2인 가구가 많은 것도 이런 이유에서다.

이런 나 홀로 가구의 처지를 보듬는 새로운 형태의 가족이 생겨나기 시작했다. 혈연으로 맺은 가족은 아니지만 사회적 관계로 맺어져 가족의 빈자리를 채우는 '사회적 가족'이다. 소셜 다이닝social dining 모임이 대표적인 사례다. 소셜 다이닝은 페이스북 같은 소셜네트워크 서비스SNS를 통해 모르는 사람끼리 만나 밥을 같이 먹으면서 새로운 인맥을 형성하는 것을 말한다.

셰어하우스도 사회적 가족을 형성하는 주요 매개체가 되고 있다. 거실 등 공용시설을 이용하는 입주자들이 교류하면서 자연스레 네트워크가 형성되기도 한다. 한국에 체류 중인 외국인들이 많이 거주하는 셰어하우스 운영 업체인 '보더리스 하우스'는 언어 교환 등 국제 교류를 위한 다양한 프로그램을 제공하고 있다.

소형화된 공유 오피스에서도 회의실이나 라운지 등을 공유하면서 입주 업체 간 교류가 활발하다. 세계 최대 규모의 공유오피스 기업 위워크WeWork는 사무실에 입주한 사용자들을 연결해주는 네트워킹 프로그램을 운영해 회사들끼리 협력할 수 있는 계기를 제공한다. 현대카드가 운용 중인 강남역 인근의 '스튜디오블랙'도 입주 업체 간 시너지 효과를 높일 수 있도록 층별 반창회를 비롯해 강연 제공 등 다양한 네트워크 프로그램까지 운영하고 있다.[54]

위워크WeWork 강남점에 설치된 라운지 풍경

자료: 위워크

　초고령화 사회로 접어든 일본에서는 혈연 가족은 아니지만 어린아이부터 노인까지 공동으로 생활하는 셰어하우스가 발달해 있다. 민간 임대인 '캉캉모리'라는 콜렉티브 하우스Collective house(공동체 주택)는 각자 자택에서 생활하면서 주방, 거실 등을 공유하는 방식으로 갓난아이부터 80세까지 다양한 연령층이 거주한다. 할아버지부터 손녀까지 대가족을 이루고 사는 듯한 분위기가 특징이다.

　일본의 또다른 셰어하우스 브랜드인 '셰어플레이스Share Place'는 주거에 머무르지 않고 여행, 일, 모임, 배움 등의 영역에서 삶을 풍요롭게 하는 장소로 바꾸고 있다. 단순 주거 공간이 아니라 여가생활을 즐길 수 있도록 하면서 주거를 기반으로 다양한 활동이 가능한 생활 공간으로 만들고 있다. 영국 '더 컬렉티브'의 코리빙co-living 공간인

일본의 공동체 주택 '캉캉모리' 팸플릿과 소개 사진

자료: '캉캉모리' 홈페이지

'올드오크Old Oak'는 공유 공간을 극대화해 레스토랑, 바, 도서관, 게임방, 세탁실 등을 두고 있다. 이 공간을 통해 피트니스, 공연, 식음 등의 라이프스타일 서비스를 제공한다.[55]

서울시가 도입한 '한 지붕 세대 공감'은 사회적 가족을 형성하기 위한 프로그램이다. 노인과 청년이 함께 사는 세대 교류형 셰어하우스로, 노인은 자신이 사는 집에 남는 방을 제공하고 대학생은 주변 시세의 50% 정도의 저렴한 임대료를 내고 함께 거주하는 형태다. 서울 소재 대학(원) 재학생과 휴학생을 60세 이상의 노인 가구와 연결해주고 있다. 현재 서대문구, 서초구, 동작구, 마포구, 용산구 등에서 시행 중이다.

미국의 '노인 청년 주택 공용제'를 비롯해 일본의 '에이지 믹스Age

Mix 주택', 스웨덴의 '연령 통합형 그룹 홈', 캐나다의 '캘거리 홈 셰어 프로그램', 프랑스의 '두 세대가 같이Ensemble 2 Generations' 주택 등이 이와 비슷한 사례로 꼽힌다.

7장

초소형 부동산과 절세

초소형 주택의 투자자들은 대부분 안정적인 임대수입을 꿈꾼다. 그러나 월세를 얼마나 받을 수 있는지에 대한 고민 못지않게 중요한 것이 세금이다. 올바른 절세 요령을 터득하지 못하면 생각지도 못한 세금 때문에 낭패를 볼 수 있다.

부동산 절세가 재테크다

부동산 거래에는 그림자처럼 세금이 따라 붙는다. 세금을 줄일 수는 있어도 피할 수는 없다. 초소형 부동산도 마찬가지다. 매입 단계의 취득세를 시작으로 보유 과정의 재산세, 매각 후의 양도소득세까지 다양한 세금이 부과된다. 거래 유형에 따라 부가가치세, 증여세, 상속세 등도 간과해선 안 된다. 매매 가격이나 시세차익만 따지다가 뒤늦게 날아오는 세금고지서에 당황하는 일도 흔하다. "재테크의 완성은 절세節稅"라는 말이 나오는 이유다.

그렇다면 초소형 부동산과 관련된 세제상의 혜택이나 주의점은 어떤 것이 있을까? 우선 투자 혹은 실거주 목적의 거래가 활발한 오피스텔의 사례를 보자.

서울 마포구 합정동의 한 오피스텔을 구입한 직장인 A씨는 주거용으로 월세를 놓으면서 일반과세자로 사업자등록을 냈다. 부동산 중개업자한테 그래야 부가세(거래금액의 10%)를 환급받을 수 있다는 말을 들었기 때문이다.

　이는 오피스텔에 투자하는 사람들이 알게 모르게 자주 저지르는 잘못이다. 과세 당국이 모르고 지나쳐 절세 혜택을 볼 수도 있지만 적발되면 엄청난 손실이 따른다. A씨의 사례는 오피스텔 투자자라면 반드시 유념해야 할 대목이다. 좀 더 자세히 살펴보자.

업무용·주거용에 따라 과세 달라

오피스텔은 구입한 후 주거용으로 임대할 때와 업무용으로 임대할 때, 각각의 과세 기준이 다른 상품이다. 취득세부터 차이가 난다. 업무용이면 4.6%에 달하는 취득세를 내야 한다. 그러나 임대사업자로 등록해 전용면적 60m² 이하의 오피스텔을 주거용으로 임대하면 취득세를 100% 감면받을 수 있다. 취득세만 놓고 볼 땐 임대주택 등록이 훨씬 유리하다.

　부가세 환급 기준은 또 다르다. 오피스텔은 원래 법률상 업무용 부동산이다. 따라서 주거용으로 사용하든 업무용으로 사용하든, 면적이나 가격에 상관없이 일단 건물에 부가세가 과세된다. 이때 일반과세자로 사업자등록을 내고 오피스텔의 원래 취지대로 업무용으로 임대했다면 부가세를 환급받을 수 있다. 거래금액의 10%를 되돌려 받는 절세 혜택이 가능한 것이다. 여기까지는 절세의 영역이다.

문제는 A씨처럼 부가세 환급을 위해 일반과세자로 등록한 후 업무용이 아닌 주거용으로 임대를 놓을 때다. 원칙적으로 주택의 임대는 부가세 면세 대상이다. 무주택자가 거주한다는 점을 고려해 주거 안정 차원에서 과세 당국이 주택 소유자에게 혜택을 준 것이다. 아파트(전용면적 85m² 이하)를 구입할 때 부가세가 면세되고 있는 것도 이런 이유다. 그런데 이런 주택 임대사업자, 즉 면세사업자는 원래 부가세를 납부하는 사업자가 아니기 때문에 당연히 환급 대상도 될 수 없다.

오피스텔의 딜레마는 여기서 발생한다. 이미 부가세를 냈지만 환급받을 수 있는 자격은 업무 용도의 임대로 제한되기 때문이다. 따라서 주거용 임대사업자, 즉 면세사업자는 부가세를 되돌려 받을 수 없다. 이미 납부한 부가세는 부동산 가격의 일부로 여기고 포기해야 한다.

그런데 A씨처럼 실제로는 주거 용도로 임대를 놓으면서 사업자등록을 통해 부가세를 환급받는 사례가 적지 않다. 이런 사실이 적발되면 환급받은 부가세를 토해내야 한다.

1가구 2주택 양도세 중과세 적용 피해야

A씨의 문제는 여기서 그치지 않는다. 이 오피스텔은 더 이상 업무용이 아닌 주거 용도로 쓰이고 있다는 것이 드러난 상황이기 때문에 주택 수를 산정하는 데도 영향을 준다. 세법에서는 어떤 유형의 건물이든 실질적으로 주거 용도로 사용하면 주택으로 간주한다. A씨가 보유 중인 다른 주택이 한 채 있다면 1가구 2주택자로 분류된다. 먼저 소유한 주택을 팔 때 1가구 1주택 비과세 혜택을 받기는커녕 중과세 대상으로 바뀌게 되는 셈이다. 부가세를 아끼려다 빚어진 소탐대실小貪大失의 전형적인 사례다. 오피스텔 공급이 최근 몇 년간 급격히 증가하면서 A씨처럼 행동하는 투자자들이 의외로 많다.

심지어 주택 임대사업자 등록을 통해 4.6%의 취득세를 면세받은 후 세를 놓지 않고 본인이 거주하는 경우도 있다. 이런 사실이 들통나면 취득세를 토해내고 과태료까지 물어야 한다. 따라서 본인 거주 목적의 오피스텔 구입자는 일반과세자든, 임대사업자든 어떤 종류의 등록도 해서는 안 된다.

이런 사례는 절세와 탈세脫稅의 구분을 혼동하는 데서 온다. 절세는 세법이 인정하는 범위 안에서 합법적으로 세금을 줄이는 행위다. 탈세는 고의로 사실을 은폐·왜곡하는 불법으로 세 부담을 줄이려는 행위다. 적발되면 무거운 가산세를 물거나 조세범처벌법에 따라서 처벌받을 수도 있다.

주택 임대사업자 등록 혜택

초소형 주택에 대한 세제 혜택은 주로 임대주택으로 등록할 때 생긴다. 앞 사례에서 언급했듯, 임대주택으로 등록하면 취득세 감면을 받을 수 있다. 분양으로 취득하는 공동주택으로 전용면적 $60m^2$ 이하의 주택은 취득한 날부터 60일 이내에 임대주택으로 등록하면 취득세가 전액 면제된다. 이때 취득세가 200만 원을 초과하면 85%까지 감면한다.

취득세·재산세·종부세 감면

소형 주택을 임대주택으로 등록하면 재산세와 종합부동산세가 감면되거나 면제된다. 재산세는 아파트나 오피스텔을 매입해 두 채 이상(한 채로 확대될 예정)을 임대주택으로 등록할 때 주택 면적에 따라 감면한다. 전용면적 40m² 이하의 주택은 재산세를 전액 면제(단 재산세가 50만 원을 초과하면 85% 감면)한다. 전용 60m² 이하는 50%, 전용 85m² 이하는 25%를 각각 경감한다.

주택을 장기임대주택으로 등록하면 감면율이 더 커진다. 전용 60m² 이하의 장기임대주택은 75%까지 감면하고 전용 85m² 이하 이하는 50%까지 감면한다.

종부세도 혜택이 있다. 임대주택으로 등록하고 기준시가가 6억 원 이하면 종부세 과세 대상에서 제외된다. 종부세 과세 대상에서 제외되기 위한 소형 주택의 개념에는 면적이 고려되지 않고, 기준시가 6억 원 요건만 따진다. 면적을 고려하는 재산세와는 차이가 있다.

양도세 중과도 피할 수 있어

소형 주택은 장기임대주택으로 등록한 후 양도세를 계산할 때도 혜택이 있다. 전용 85m² 이하의 국민주택을 취득하고, 취득 후 3개월 이내에 장기임대주택으로 등록하고, 10년 이상 임대한 뒤에 매각하면 양도세가 100% 감면된다.

만약 주택을 취득하고 3개월이 지나면 장기임대주택으로 등록해도 양도세 100% 감면은 받을 수 없다. 하지만 장기임대주택으로 등록하고 8년 이상 임대한 후 매각할 때 장기보유특별공제를 50%(10년 이상 임대 70%) 받을 수 있다. 이런 혜택은 더욱 확대될 전망이다. 정부가 2017년 12월 13일 '임대주택 등록 활성화 방안'을 발표하면서 8년만 임대해도 70%를 공제하겠다고 발표했기 때문이다.

이런 감면 요건이 적용되는 소형 주택은 오로지 면적을 기준으로 따진다. 종부세와 달리 기준시가 요건을 고려하지 않는다는 얘기다. 다만 기준시가가 6억 원 이하이면서 전용면적 85m² 이하면 혜택이 추가되는 효과가 있다. 양도세를 계산할 때 1가구 2주택 이상 소유자에 대한 양도세 중과세 세율을 적용하지 않는다. 즉, 양도세는 중과세 세율이 아닌 기본세율이 적용되고 장기보유특별공제는 최대 70%까지 받을 수 있다.

소득세법에서는 다주택을 보유한 사람이 조정대상지역에 있는 주택을 매각해도 일정 규모 이하의 주택을 매각할 때 양도세 중과세 대상에서 제외하고 장기보유특별공제를 허용하고 있다.

우선 세대를 기준으로 2주택을 보유한 사람이 조정대상지역에 있는 주택을 매각할 때 양도 당시의 기준시가가 1억 원 이하라면 중과 대상에서 제외한다. 장기보유특별공제도 가능하다. 또 한 채 이상의 소형 주택을 임대주택으로 등록하면 임대소득에 대한 소득세와 법인세를 감면한다. 단기임대주택으로 등록하면 30%를 감면한다. 장기임대주택으로 등록하면 75%를 소득세 또는 법인세에서 감면한다. 이때 소형 주택은 전용 85m² 이하이면서 기준시가가 6억 원 이하여야 한다.

부가가치세도 면세

전용면적 85m² 이하의 소형 주택은 부가가치세도 과세되지 않는다. 부가세는 최종 소비자가 부자든 가난한 사람이든 가리지 않고 무조건 10%의 세율로 부과하는 세금이다. 누진성과는 정반대의 '역진성'이 큰 세금이다. 소득이 낮은 사람이 실질적으로 더 높은 세 부담을 지는 현상을 말한다. 이를 보완하기 위한 조치가 소형 주택에 대한 부가세 면제다.

일반적으로 부가세 면세는 소비 수준에 관계없이 국민들이 반드시 소비해야 하는 기초 생필품에 해당하는 재화나 용역에 적용된다. 농산물, 수산물, 의료 서비스 등에 과세하지 않는 것도 이 때문이다. 소형 주택에 부가세를 면제한다는 것은 기초 생필품으로 간주한다는 뜻이기도 하다. 동일한 이유로 주택 임대에도 부가세가 과세되지 않는다. 주택에 대한 임차는 무주택자인 것으로 보기 때문에, 주거 안정을 위해 주택 임대는 부가세 면세 대상으로 구분하고 있다.

양도소득세 중과세 대상에서 제외되는 소형 주택 요건

구분	소형 주택 요건			소형 주택 적용 배제
	주택 종류	면적 및 기준시가		
3주택 중과세 배제 (2018. 2. 13 이후 삭제)	공동주택	전용면적	60m² 이하	2004. 1. 1 이후 취득한 주택도정법상 정비구역으로 지정 고시된 지역에 소재하는 주택 오피스텔
		기준시가 (양도 당시)	4천만 원 이하	
	단독주택 (다가구주택 포함)	대지면적	60m² 이하	
		주택면적	60m² 이하	
		기준시가 (양도 당시)	4천만 원 이하	
2주택 중과세 배제 (현행 유지)	양도 당시 기준시가 1억 원 이하 (주택의 규모·면적 상관없음)			도정법상 정비구역으로 지정 고시된 지역에 소재하는 주택 오피스텔

조세특례제한법상 소형 주택 요건

주택의 종류	소형주택의 요건		소득세 및 법인세 감면
	면적 및 기준시기		
단기 임대주택	전용면적	85m² 이하	30% 감면
	기준시가 (임대 개시 당시)	6억 원 이하	
	임대주택등록 (①+②)	① 임대주택등록(시·군·구청) ② 사업자등록(세무서)	
장기 임대주택	전용면적	85m² 이하	75% 감면
	(임대 개시 당시)	6억 원 이하	
	임대주택등록 (①+②)	① 임대주택등록(시·군·구청) ② 사업자등록(세무서)	

자료: 원종훈 세무사(KB국민은행 WM스타자문단 세무팀장)

각 상품별 절세법과 혜택

실거주와 주택 임대가 동시에 가능한 '세대 분리형' 아파트의 절세 효과도 쏠쏠하다. 세대 분리형 아파트는 출입구를 2개 설치해 실제 거주하면서 나머지 한쪽 부분을 임대 놓을 수 있도록 설계한 아파트다. 실제로는 2가구가 거주하지만 주택법상 하나의 주택으로 간주된다. 우선 1가구 1주택 소유자라면 향후 매각할 때 양도소득세 비과세 혜택이 가능하다.

또 1가구 1주택자가 집을 한 채 가진 60세 이상 직계 존속(부모)과 함께 살려고 세대를 합친 경우에도 양도세 비과세 혜택이 있다. '동거 봉양'에 따른 비과세 혜택 요건을 충족하기 때문이다. 이런 경우 세대를 합친 날로부터 5년 이내에 먼저 양도하는 주택(1가구 1주택 비과세

출입구가 2개인 서울 마포구 신수동 '신촌숲 아이파크'의 세대 분리형 아파트(전용 84m² D형)

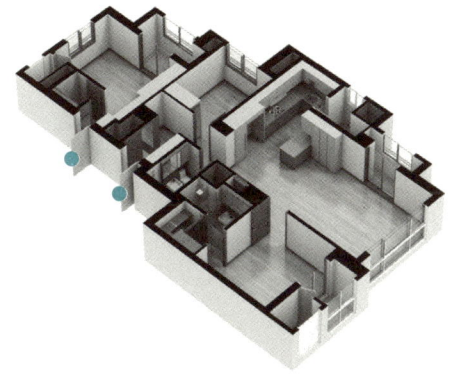

자료: 현대산업개발

요건 충족 기준)에 양도세를 비과세한다.

세대 분리형 아파트는 임대소득세에서도 유리하다. 기준시가가 9억 원이 넘지 않으면 임대소득세를 내지 않는다. 이때 임대료는 얼마를 받든 무관하다. 예컨대 매달 300~400만 원씩 받는 고액 임대라도 세금이 부과되지 않기 때문에 은퇴 무렵의 연령층을 위한 노후 대비용 부동산으로 제격이다.

한편 주택을 상시 주거 목적으로 사용하지 않고 휴양이나 휴가 등을 목적으로 사용할 때는 엉뚱한 방향으로 세금이 부과되기도 한다. 지방세법상 별장으로 구분돼 취득세 중과세 대상이 되고, 재산세가 일반 주택보다 최대 8배 가까이 부과될 수도 있다. 별장의 기준은 주택의 가격이나 면적을 고려하지 않는다. 아무리 작은 소형 주택이라도 단순히 휴양 등을 목적으로 사용하면 별장으로 구분될 수 있다. 전원주택이 대표적인 사례다.

다만 전원주택은 종부세 부과 대상에서는 빠진다는 점에서 유리하다. 또 별장으로 분류하면 주택 수에서도 제외된다. 이미 주택을 한 채 가진 사람이 별장을 한 채 소유해도 1가구 2주택자로 간주되지 않으므로, 다주택자에게 적용되는 양도세 중과세 등의 대상에서 벗어날 수 있다.

3부

아파트에서 농지까지 알짜 소형 부동산 고르기

8장

소형 부동산 투자, 아이템이 먼저다

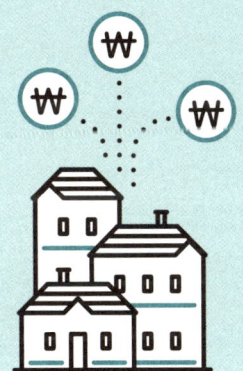

모든 부동산 투자의 전제 조건은 종잣돈이다. 최근 몇 년 동안 유행한 갭Gap 투자(집값과 전셋값 차이가 적은 집을 전세를 끼고 대출받아 매입하는 것) 방식도 있지만 종잣돈 없는 투자는 없다. 갭 투자도 약간의 자본과 개인의 신용(빚이 없고 일정한 수익이 있는 상태)이 전제돼야 한다.

종잣돈은 많거나 적거나 부동산 투자의 첫걸음이다. 종잣돈이 재테크의 시작인 만큼 한 푼 두 푼 부지런히 돈을 모으는 것이 투자의 시작인 셈이다.

다만 종잣돈이 없어서 부동산 투자를 못한다는 사고방식은 버려야 한다. 부동산 시장은 다양한 투자의 문이 열려 있기 때문이다. 종잣돈이 많지 않아도 투자할 수 있는 길이 있다. 초소형 부동산 투자가 그것이다. 부동산 시장을 관심 있게 들여다보고 있다면 초보 투자자도 예상보다 쉽게 할 수 있는 것이 초소형 부동산 투자다. 특히 적은 돈을 갖고 있더라도 빌릴 수 있는 능력이 있으면 언제든 투자를 통해 수익 창출에 나설 수 있다.

문제는 투자 아이템이다. 인구 고령화로 부동산 시장 투자 환경도 변하고 있다. 초소형 부동산으로 수익을 얻으려면 적정한 투자 아이템을 빨리 찾아 실천하는 것이 중요하다.

인구 고령화로 인한
부동산 투자 유형 변화

한국 사회의 급격한 인구 고령화는 부동산 시장의 환경 변화를 비롯해 전체적인 투자 유형도 변화시키고 있다. 특히 2023년 베이비붐(1955~1963년 사이의 출생 인구가 많았던 시기) 세대의 전면 은퇴와 맞물려 아파트보다 단독주택, 오피스텔보다 미니상가 등 수익형 부동산 선호 현상이 더 뚜렷하게 나타날 것이다. 2018년 5월을 기준으로 볼 때 아파트와 오피스텔은 공급 측면에서 '과잉'에 근접하고 있고, 베이비붐 세대의 은퇴 설계도 이전 세대와 다를 가능성이 크기 때문이다.

주택 수요 감소는 한국은행이 2018년 4월에 낸 보고서 「인구 고령화가 주택 시장에 미치는 영향」(오강현 한국은행 금융분석국 과장 외

4인)에도 잘 나타난다. 이 보고서는 인구 고령화로 ① 주택 수요 증가세 둔화와 이로 인한 주택 가격 하락 압력 증가, ② 중소형 주택 선호, ③ 임대차시장에서 전세보다 커지는 월세 비중 등을 예상했다.

인구 고령화 시대는 개개인의 자산 포트폴리오가 달라지고 다양해진다는 특징을 갖고 있다. 은퇴 후 양질의 삶을 추구하는 이들이 많아지면서 주거 시설은 작아지는 대신 수익형 부동산에 투자할 수밖에 없는 것이다. 이에 따라 투자 성향과 방법 등도 달라지므로 어떤 투자든 체계적이고 과학적인 접근이 필요하다.

소형 부동산 투자시장도 급변하고 있지만 '투자의 길'을 알기는 쉽지 않다. 투자를 준비하는 이들은 많지만 확신을 가진 투자 전문가도, 실제로 제대로 된 수익을 내는 투자처도 찾기가 쉽지 않기 때문이다.

초소형 부동산 상품은 정말 다양하다. 작은 면적의 아파트 등 주거 전용 시설이 있는가 하면 투자 대상으로서 오피스텔, 콘도미니엄과 펜션, 분양형 호텔, 빌라 등의 다세대주택, 지식산업센터, 꼬꼬마 빌딩, 소형 전원주택, 농가주택 등 다양하다. 또 토지로 눈을 돌리면 도심 자투리땅이나 농업진흥구역 농지, 수익형 농장, 지분형 토지 등에도 투자할 수 있다.

초소형 부동산은 투자를 결정하기 전에 당장(1~2년 전후)의 시세차익을 볼 것인가, 아니면 수년 후 부동산 자체의 미래가치를 볼 것인가, 또는 월 수익률을 볼 것인가 등을 종합적으로 검토해야 한다. 특

우리나라 전체 인구 대비 1인 가구 증가 예상치

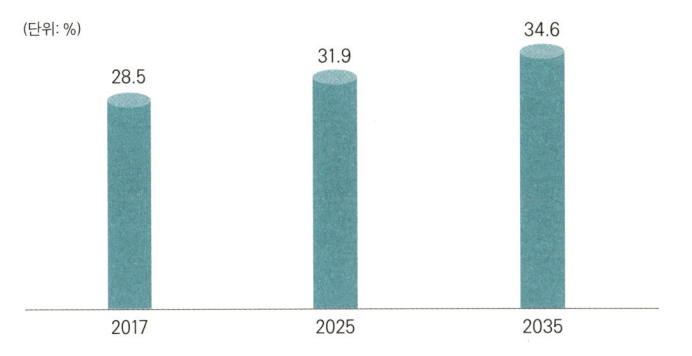

자료: 통계청

히 1~2인 가구가 급증하고 있는 만큼 인구 변화와 그에 따른 투자 상품 변화 등도 감안해야 한다. 우리나라는 2025년이면 인구 10명 중 3명 이상이 1인 가구가 된다. 2인 가구를 포함하면 그 비율은 60% 이상이 될 것이다.

고령화와 1~2인 가구 증가는 필연적으로 미니상가 등 수익형 부동산 상품이 각광받는 시대를 앞당길 수밖에 없다. 소형 부동산 투자자 입장에서는 특히 이 점을 주목해야 한다.

서울 강남보다 강북에서 찾아라

서울 강남권은 사실상 초소형 부동산 개발지가 남아 있지 않다. 땅이 있어도 3.3m²당 가격이 1억 원 내외로 소액 투자는 어렵다. 빈 땅을 개발해 월세를 받기 위한 것이라면 오히려 강북권을 눈여겨봐야 한다. 강남권이 아닌 광진구와 성동구, 마포구, 동작구, 용산구 등의 월세 가격은 의외로 높기 때문이다.

강남 대체 지역인 이들 지역은 최근 4~5년 사이에 고시원, 게스트하우스 등이 공급보다 수요가 많아지면서 가격이 급등했다. 광진구 테크노마트 인근 한 원룸은 4평(13m²)에 월세가 50만 원이다. 3.3m²당 13만 원이 넘는 것이다. 노량진 학원가 월세도 3.3m²당 13만 7,000원 수준이다. 이들 두 지역 월세 가격은 소형 빌딩 월세가

3.3m²당 8만 9,000원인 강남구와 서초구보다도 높다.

다만 이들 지역은 강남, 서초구보다 보증금은 싼 편이다. 공시 학원이나 전문 직종의 학원이 있어서 수요가 몰리기 때문이다. 2017년 12월 기준 서울 주요 대학가의 방은 3.3m²당 월세 16만 3,000원으로 나타났다. 이는 강남 타워팰리스의 3.3m²당 월세 15만 8,000원을 넘어선 금액이다.

강북권은 이들 지역 외에 대학가를 중심으로 단독주택이나 다가구주택 등을 개발하면 의외로 수익을 얻을 수 있다. 현재 노후 단독, 다가구주택 대부분이 개발되긴 했지만 발품을 들여 찾아보면 의외의 물건을 만날 수 있다.

대학가 주변은 이미 많은 단독주택이나 다가구주택이 원룸이나 고시원 등으로 개조됐다. 개발 물건을 그만큼 찾기가 쉽지 않다는 뜻이다. 하지만 역시 부지런히 발품을 팔면 반드시 투자할 만한 물건을 찾을 수 있다.

강북 대학가 주변에서 투자 물건을 찾을 때는 지하철을 기준으로 한 정거장 정도 떨어진 곳에서 찾는 것이 좋다. 지하철역 주변 대학가는 이미 대부분 개발됐기 때문에 재건축이나 리모델링을 위한 건물을 매입할 때 투자금이 너무 많이 들어가기 때문이다.

연세대와 서강대 이화여대, 홍익대가 있는 마포구와 서대문구 일대도 창전동이나 상수동, 홍제동을 비롯한 서대문구청 부근 등을 둘러보아야 한다. 아현동이나 망원동까지 남아 있는 미개발 건물을 찾기는 쉽지 않다. 고려대 인근도 보문동이나 홍릉 주변에서, 서울시립대 주변도 전농동보다는 면목동, 휘경동, 답십리 등에서 찾아야 한다.

서울 도심(종로와 광화문, 서울시청 주변)으로 출퇴근하는 회사원을 겨냥한 투자는 은평구와 성북구, 중랑구를 찾아야 한다. 이들 지역은 지하철 1, 2, 3호선과 6호선 등으로 촘촘히 연결돼 있어 다양한 수요층이 있는 곳이다.

한강 이남의 서울대와 중앙대 주변 도보 거리에는 마땅한 투자 물건이 이미 남아 있지 않다. 원룸 등도 포화 상태다. 서울대의 경우 2호선 지하철 신림역과 사당역 사이, 중앙대 주변은 흑석역보다 신풍역 주변에서 찾아야 한다. 이들 지역은 대학생과 회사원을 동시에 겨냥한 임대 원룸 등이 가능하다.

도시재생사업지
주변을 공략하라

독일은 2011년 베를린 등에서 도시재생사업을 본격 전개했다. 대표적으로 베를린의 '팩토리 베를린 프로젝트'는 청년 스타트업 유치를 통해 도심 가치를 높인 사례로 꼽힌다. 베를린 주 정부는 슈프레 강 주변을 중심으로 2011년 '팩토리 베를린'이라는 창업 단지를 만든 뒤 세계적인 IT·자동차 창업 기업 유치에 나서 대대적인 성공을 거뒀다. 2015년까지 4년여 동안 1,300여 개의 스타트업이 생겼고 2015년에만 21억 5,000만 유로(약 2조 7,823억 원)의 투자금이 유입됐다.

우리나라도 2018년 도시재생 뉴딜사업이 본격 시동을 걸었다. 정부는 2018년 4월 24일 서울 지역도 도시재생사업에 포함시키기로 결정했다. 이에 따라 서울에서는 도심 쇠퇴 지역을 비롯해 열악한 지역

7곳이 도시재생사업지역으로 선정된다. 전국적으로는 100곳 내외의 도시재생 뉴딜 사업지를 8월까지 선정, 추진한다.

　도시재생은 노후·불량 주거지를 소규모 공동주택으로 신축하는 사업이 대부분이다. 특히 가로街路주택정비사업은 지원도 많이 받는다. 국토교통부가 파악한 가로주택정비사업 조합 현황(2017년 말 기준)을 보면 전국에 67곳에 이르는데, 수도권(서울 23곳이지만 7곳만 해당 예정, 경기 22곳, 인천 10곳)이 대부분이다.

　도시재생은 초소형 부동산의 활성화 없이는 쉽지 않다. 국가나 자치단체 재정이 대거 투입되지 않은 이상 도시재생 과정에서 기존 거주민의 요구를 모두 수용할 수밖에 없기 때문이다. 원주민의 주거 요구를 수용하기 위해서는 주거 시설을 첨단 초소형 주택으로 지어야 한다. 토지에 비해 원주민 수요가 많아 자칫하면 재정만 대거 투입하고 결과물은 그다지 환영받지 못할 수 있다. 도시재생 개발은 재정 투입 없이는 불가능하다. 문자 그대로 재정 투입 없는 대안은 없는 셈이다.

　투자자 입장에서는 도시재생지역 지정 전에 선점 투자를 해야 한다. 도시재생지역으로 지정되고 나서 투자하면 여러 가지 제약 요소가 많다. 도시재생으로 창업·거주·여가 기반 시설이 조화를 이루면 주변 부동산 가격이 오를 수밖에 없으므로 이에 따라 각종 규제 장치를 마련할 수밖에 없기 때문이다.

　도시재생으로 해당 지역 도시 생태계가 바뀌기 전에 투자하는 것도 도시재생사업을 활용한 투자의 지혜다. 현재 도시재생의 성과물을 꼽자면 3층 연립이 7층 아파트로 바뀐 서울 강동구 천호동 다성이즈빌 등을 들 수 있다. 국내 첫 가로주택정비사업 성과물인 천호동 다성이즈빌은 동도연립 주민들이 가구당 평균 6,500만 원씩 낸 분담금에 30가구를 더 증축한 뒤 일반분양을 통해 나오는 수익을 합쳐 사업비(150억 원)를 충당했다. 고질적인 주차장 문제도 해결했으며 원주민들은 새집에 입주하고 집값도 올랐다. 가구당 1억 원 이상 이득을 본 셈이다.

공공(공기업, 공기관)에 투자 아이템이 있다

자투리 땅 등을 매입했더라도 건물을 지을 자본이 없으면 난감해진다. 또 금융권에서 자금을 빌려 개발한다고 해도 이자 등을 감안하면 수익성이 떨어진다.

돈을 많이 빌려서 개발해도 운영 수익을 내다보면 수익률이 금리보다 낮을 수도 있다. 초소형 건물을 지어 놓고도 걱정일 수밖에 없다. 이런 우려를 보완할 수 있는 것이 공기업과 공기관을 활용한 수익 창출 사업이다.

한국토지주택공사(LH)는 제도 개선을 통해 사업성이 크게 개선된 집주인 임대주택사업 시행에 들어갔다. 집주인에게 연 1.5%의 낮은 금리로 기존 주택의 신축, 경(작은)수선이나 매입을 지원하고, LH가

임대 관리를 비롯해 공실 리스크까지 부담하는 것이 특징이다. 집주인은 별도의 위험 부담 없이 안정적인 임대수익 확보가 가능한 사업이다.

사업 참여를 원하는 집주인은 건설·개량형, 매입형 중 택해 LH 전국 지역 본부에서, 융자형은 한국감정원 전국 지사에서 신청하면 된다. 다만 공공이 매입하고자 하는 지역에 있어야 하며 여러 가지 건축 조건을 맞춰야 한다. 기타 문의 사항은 임대주택 사업 홈페이지(http://jipjuin.lh.or.kr)에 게시된 공고문을 참고하거나 LH콜센터 또는 한국감정원 콜센터로 문의하면 된다.

서울주택도시공사(SH공사)는 2012년 민간건설 도시형 생활주택(원룸) 매입을 도입한 이후부터 2018년 4월 기준 229동, 총 3,970가구(실)의 공공 원룸을 매입해 이 가운데 3,495실을 시민들에게 공급했다. SH공사는 현재 '민간 재개발주택 매입 임대'(전용면적 59m^2 이하), '민간 다가구·원룸주택 매입 후 재임대'(전용면적 84m^2 이하) 사업을 하고 있다.

농·산촌에서 찾는 투자 아이템

우리나라는 도시가 포화 상태다. 개발지도 거의 남아 있지 않고, 아파트에 재산이 집중된 도시민의 투자 여력도 없다. 하지만 눈을 조금만 돌려보면 다르다. 투자할 곳은 다양하고 적은 돈으로도 투자 물건을 살 수 있다. 농산어촌이 대안 투자의 중심이 된 것이다.

굳이 자세한 설명이 필요 없을 정도로 농산이촌 시대는 성큼 다가와 있다. 특히 농촌은 이미 귀농·귀촌과 발 빠른 투자자들의 행렬로 토지 가격이 많이 올라 있다. 관광농장(농원)에 투자하거나 전원주택에 시세차익을 노리고 돈을 넣기에는 이미 늦었다.

농촌에서 투자 아이템을 찾으려면 다른 투자자들이 가지 않은 길을 가야 한다. 그중 하나가 과수원 임대업이다. 과수원에 소규모 돈으로 투자가 가능한 이유는 기존 과수원을 사는 것이 아니라 농지를 살 수 있는 만큼 사서 조성하기 때문이다. 도시민이 당장 농업진흥지역 농지를 살 수는 없지만 생산관리구역이나 계획관리구역의 임야, 밭, 논 등은 매입이 가능하다. 이곳에 갖가지 유실수를 심고 기르면서 회원을 모집하면 된다. 분양이 안 되면 임대도 무방하다. 농지나 임야를 형질 변경해 조성할 수 있으므로 초기 비용이 의외로 적게 든다. 주말농장으로 회원을 모집했다가 전원생활 희망자에게 분양해도 된다. 단 가장 중요한 것은 접근성이다. 반드시 대도시 주변 교통망이 우수한 곳을 선택해야 한다.

산촌에서도 소액 투자 아이템을 찾을 수 있다. 산림청에 따르면 우리나라 사유림은 211만 명의 산주가 평균 2ha를 소유하고 있다고 한다. 이 중에서 부재 산주가 전체 산주의 64%를 차지하고 있다.

산촌 투자는 약용식물 재배가 초기 자본이 적게 들고 운영도 쉽다고 한다. 이밖에도 수목원 경영, 체험 관광, 수목장, 숲 체험 및 숲 치유 등 다양하다. 한국임업진흥원의 산림경영컨설팅센터, 정부기관 등에서 운영하는 귀산촌 서비스를 활용하면 된다. 한편 경기 양평에서는 산촌 마을을 조성하고 투자자들의 공동 수익형 농장을 분양하는 곳도 있다.

9장

투자의 시작,
주거와 오피스텔

부동산에는 투자의 과학이 총체적으로 모여 있다. 섣불리 판단할 수 없는 시세, 복잡한 부동산 용어, 물건의 권리관계, 시장 흐름 등이 한데 어우러져 있다. 가장 어려운 투자가 부동산인 이유다.

더구나 우리나라 부동산 시장은 정책 변수와 수급 동향 등 살펴보고 참고해야 할 것이 너무 많다. 정부 부동산 정책이 수시로 바뀌고 규제와 완화가 반복된다. 자·타칭 전문가가 많지만 실제 부동산 시장의 흐름과 투자 적기를 꿰맞추는 이들이 없는 원인이기도 하다.

그래서 초보자일수록 자신이 아는 분야부터 투자 영역을 만들고 투자의 지혜가 생기면 차츰 그 영역을 확대해나가야 한다. 부동산 투자는 예상보다 많은 돈을 들여 수익 확보에 나서는 만큼 '리스크(위험) 최소화'가 1차 목표가 돼야 한다. 그래서 목돈이 들어가는 상가나 잘 모르는 토지보다는 단계적으로 돈이 들어오고 나가는 소형 아파트나 오피스텔 분양 투자를 먼저 시작해야 한다.

아파트를 비롯한 주거형 소형 부동산 투자

초소형 부동산 중에서 상대적으로 가장 쉬운(?) 투자가 기존 초소형 아파트나 다가구주택과 같은 주거형에 투자하는 것이다. 기존 아파트는 대출이 끼어 있는 경우가 대부분이어서 목돈이 없더라도 적은 돈으로 투자가 가능하기 때문이다. 더구나 부동산에 관심만 있었다면 그동안 직간접적으로 아파트 등의 실거래(전월세 혹은 매매)를 해본 경험이 있을 것이므로 리스크(위험) 최소화를 위한 투자 대상으로도 적격이다.

주택 매매 실거래를 해본 이들은 등기부등본을 보는 방법이나 부동산 용어, 계약서 작성 등에 비교적 익숙하다. 재테크를 위한 소형 부동산 투자에 필요한 지식을 이미 갖추고 있는 셈이다.

초소형 주거 시설은 방 1~2개와 주방 겸 거실, 욕실 1개로 이루어져 1~2인 가구가 거주하기에 편리한 주거 시설이다. 49m²(14.8평) 이하의 초소형 아파트, 33m² 이하의 다가구(빌라 등)주택, 20m² 내외의 도시형 생활주택 등이 이에 해당한다.

이들 주택은 대부분 삶의 질 향상이라는 주거 목적보다는 단순 거주자를 위한 투자 목적으로 지어지거나 분양하는 경우가 많다. 당연히 상대적으로 가격이 싼 편이다. 따라서 소액의 자금을 확보하고 있는 이들은 자신의 보유 자금 내에서 실제로 투자를 해볼 수 있다.

초소형 주거 시설 투자 시에는 주거의 질보다 편의성에 염두를 둬야 하기 때문에 '교통'을 가장 우선해야 한다. 교통수단 중에서도 단연 철도(지하철, 전철) 근접성이 중요하다. 투자의 귀재들이 신규 분양이든, 기존 건물이든 도심 역세권에 주목하는 이유도 마찬가지다.

주변에 지하철역이 있는 도심 아파트는 낡아도 출퇴근 시간이 짧아 수요가 많다. 수요가 많으면 임대 걱정도 없을뿐더러 임대료도 당연히 높게 형성된다. 물론 수요가 많기 때문에 공실률도 낮다. 이는 수익률이 높다는 의미와 같다.

20년이 넘는 초소형 아파트나 단독주택이라면 향후 재건축을 염두에 둔 투자도 고려해 볼 만하다. 재건축을 감안한 투자라면 반드시 가장 먼저 용적률(대지면적에 대한 건물 연면적 비율, 대지에 건축물이 둘 이상 있는 경우에는 합계 비율)과 건폐율(대지면적에 대한 건축면적의 비율)을 살펴야 한다. 재건축에서 용적률은 절댓값이다. 용적률이 낮을수록 나중에 지분(실제 면적)을 많이 받으며, 그만큼 이익 실현이 좋다는 의미다. 용적률을 모든 부동산 투자에서 가장 중요한 용어인 만큼 반드시 기억해두는 것이 좋다.

재건축 투자는 불편한 주거를 견디는 일이다. 주거 환경이 좋지 않은 곳에서 내핍 생활을 하는 것이다. 물론 여윳돈이 있다면 전세나 월세를 주면 되지만 그만큼 수익률이 떨어진다.

초소형 아파트나 분양권을 살 때는 물건과 해당 주거지 상태를 꼼꼼히 살펴야 한다. 세입자가 있는지, 담보대출이나 개인 간 저당권은 없는지 등등 권리관계를 잘 따져야 한다. 물건의 사소한 하자는 나중에 봐도 늦지 않다.

소형 부동산 시장에는 매입 혹은 분양 전제 조건, 대출 조건 등만 숙지하면 적은 돈으로 투자할 수 있는 상품이 의외로 많다. 빌라를 보유하고 있다면 팔고, 미니 아파트 등 초소형 부동산을 사는 것이 재테크에 유리하다. 빌라는 조매익선早買益善(빨리 파는 것이 좋은 것)이라고 해도 과언이 아니다.

종잣돈 없다면
분양 주택에 주목해라

당장 보유 자금이 없을 때는 초소형 아파트 분양 물량을 눈여겨보아야 한다. 건설 시행사의 분양 물량 중 역세권 초소형 아파트를 집중 공략하는 것이다. 물론 수요가 많은 인기 지역은 청약가점이 높아야 한다. 청약가점을 높이는 데는 다양한 조건이 있다. 부모 부양, 가족, 자녀수, 무주택 기간, 청약통장 가입연도 등에서 높은 점수를 받아야 한다. 인기 지역에서 1순위 청약가점이 높지 않으면 당첨 확률이 거의 없다고 보면 된다.

  1순위가 아니라면 경쟁률이 적은 지역의 초기 분양 물량을 5년 후를 내다보며 청약하는 것도 방법이다. 3년 후 주택이 완공될 때보다는 5년 후를 보라는 뜻이다. 신규 아파트 단지 대부분은 입주 후 2년

이 넘어가면 도시 기반 시설이 대부분 갖춰지면서 가격 상승기에 접어들기 때문이다. 다만 초소형 주택이라도 분양을 받을 때는 주변 도시 환경, 단지 규모를 비롯해 분양가가 높게 책정됐는지 꼼꼼하게 따져봐야 한다. 준공 시 내부 구조와 수납장 등도 마찬가지다.

초소형 아파트라도 막상 매입 혹은 분양을 받을 때는 대출 조건이 까다롭다. 금융권이 2018년 3월 말부터 총체적상환비율DSR(개인이 1년간 갚아야 하는 모든 종류의 부채 원리금을 연 소득으로 나눈 값)을 적용하고 있기 때문이다.

대출을 받기 위해서는 기존 대출을 최대한 줄인 후 대출 상담에 나서야 유리한 금리를 적용받을 수 있다. 또 대출 전략도 금융기관별로 나눠 세워야 한다. 금리는 0.01~0.02% 차이라도 낮을수록 좋은 만큼 금리가 낮은 기관을 선별할 필요가 있다.

금융기관은 은행권 → 제2금융권 → 제3금융권 순서로 금리가 높다. 금융기관별 대출 금리 비교는 필수다. 주택담보대출은 적어도 10년 이상 길게는 33년까지도 장기간 진행하다 보니 은행별로 금리가 다 다르다. 은행별 주택·아파트담보대출 금리 비교 업체(뱅크굿이나 뱅크몰 등)도 있는 만큼 반드시 비교해보고 대출 금융권을 결정해야 한다.

초소형 주거 시설은 대부분 임대수익을 노리는 만큼 투자 시 임대를 가장 먼저 염두에 두어야 한다. 임대차 순환이 잘 되느냐가 수익률을 결정하기 때문이다. 투자적정지역은 주거와 교통 여건을 모두 갖춘 곳이다. 둘 중 굳이 하나를 취한다면 주거생활보다는 교통생활이 편리한 곳이 우선이다. 초소형 아파트 수요자 대부분이 출퇴근하는 직장인이거나 자영업자가 많기 때문이다.

역세권 다음으로는 대학 주변 초소형 아파트가 좋다. 항상 수요가 있기 때문이다. 다만 대학가 초소형 아파트라도 수도권에 투자하는 것이 좋다. 지방은 대학 입학생이 줄어드는 추세라 상대적으로 싼 급매물이 아니면 투자를 재고해야 한다.

산업도시는 철저히 직주근접 아파트에 투자해야 한다. 특히 산업도시는 흥망성쇠가 분명한 만큼 기한을 정해두고 투자를 해야 한다. 지금 어떤 산업이 호황기라 할지라도 10년 후에도 활황이 이어질지는 아무도 모른다. 2008년 글로벌 금융위기 이후 내리막길을 걷고 있는 철강, 조선 산업 등이 중심이 되었던 산업도시의 아파트값 추이를 잘 살펴보면 정답이 나와 있다.

오피스텔은
공실률이 수익성을 좌우한다

초보자가 가장 빨리 접하는 부동산 재테크가 오피스텔 투자다. 투자 요건 등에서 특별한 규제가 없고 상대적으로 적은 돈(5,000만~2억 원 안팎)으로 투자가 가능하기 때문이다. 초보자에겐 면적대별로 소액 투자가 가능하다는 점이 실제로 가장 큰 매력이다. 또 매월 임대수익을 받을 수 있다는 장점도 오피스텔을 투자의 스테디셀러 반열에 오르게 한 이유다.

오피스텔 투자 시에는 거래가 활발한 곳을 먼저 염두에 두는 것이 좋다. 급전이 필요할 때 빨리 처분할 수 있어야 하기 때문이다. 당장 돈이 필요할 때 환금換金이 안 되는 부동산은 오히려 손해를 끼친다고 볼 수 있다. 그래서 부동산 시장에서 환금성은 굉장히 중요한 요소이며 투자의 기본이다.

소형 오피스텔 매매 거래는 중소도시보다는 대도시, 특히 서울이 수요가 많다. 이는 소유주가 원할 때 팔 수 있다는 뜻이다. 2017년 1월~10월 기준 서울에서 오피스텔 매매 거래량이 가장 활발한 곳은 예상을 깨고 강서구였다. 강서구는 마곡지구 영향으로 오피스텔이 9,960건이나 거래됐다. 이어 송파구(6,487건), 강남구(2,397건), 마포구(1,646건), 금천구(1,611건), 은평구(1,424건) 순이었다. 경기에서는 고양시가 1만 2,146건으로 1위를 기록했다. 수원시(9,640건), 하남시(7,583건), 용인시(7,002건), 성남시(6,672건) 등도 많았다.

다만 오피스텔은 거래가 많다고 수익률이 좋은 것은 결코 아니다. 서울은 오피스텔 매매 거래가 경기와 인천보다 많지만 수익률은 0.5%포인트 이상 떨어진다. 2017년 거래가 가장 활발했던 마곡지구

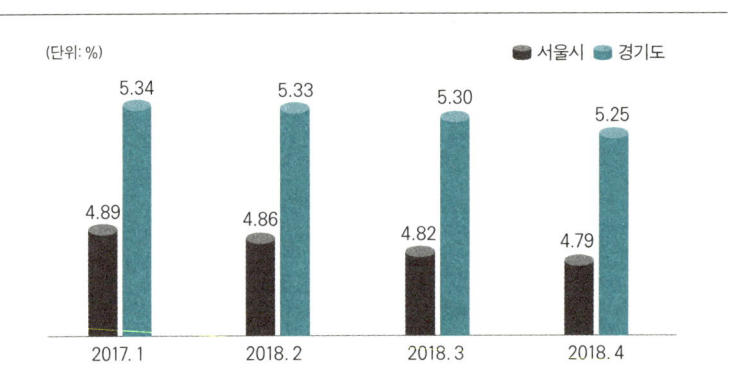

서울시와 경기도의 오피스텔 임대 수익률 추이

자료: KB국민은행 리브온

는 해당 기간 오피스텔 임대 수익률이 강서구(4.72%) 평균보다 낮은 3.95%에 불과했다. 서울시의 오피스텔 임대 수익률도 떨어지는 추세다. 서울시 오피스텔 수익률은 2017년 초만 해도 5.00%를 유지했으나 11월 들어 4.84%에 그쳤고, 2018년 4월 들어서는 4.80%대도 무너졌다.

오피스텔 투자 시에는 매매 거래량, 매도 용이성(환금성), 공실률, 수익률 등을 적절하게 감안하는 것이 좋다. 또 초소형 부동산 중 오피스텔은 이름 그대로 수익형이다. 수익형 부동산은 해가 갈수록 미래 가치가 상대적으로 떨어진다는 점도 염두에 둬야 한다.

알짜 투자처, 지식산업센터

아파트형 공장 투자는 오래 전부터 인기를 끌었다. 등록법인만 있으면 투자가 의외로 쉽고 수익도 괜찮아 대안 투자로 많은 이들의 주목을 받았다. 아파트형 공장은 2010년을 전후로 지식산업센터로 변신, 다양한 세금 혜택과 부대 시설을 갖춘 복합 단지로 바뀌어 건물 가치가 더욱 오르고 있다.

지식산업센터는 동일 건축물에 제조업, 지식산업 및 정보통신업을 영위하는 자와 지원 시설이 복합적으로 입주할 수 있는 다층형 집합 건축물이다. 소액 투자자라면 법인을 만들어 지식산업센터(옛 아파트형 공장) 투자에도 관심을 가져야 한다. 재산세(50%)와 취득세(75%) 감면 등 다양한 세금 감면 혜택 등이 적용돼 수익률(연간 7%가 웃도는 곳도 있다고 한다)이 예상보다 쏠쏠하기 때문이다. 수도권에 지식산업센터가 지속적으로 공급돼도 수요가 있는 것은 이런 이유 때문이다. 지식산업센터는 반 오피스보다 경제적 부담을 덜 수 있어 스타트업이나 벤처기업 등이 많이 입주한다.

 서울에서는 구로구와 금천구 일대, 성동구, 영등포구 등이 개발이 마무리되면서 각 지역에서 간간히 나오는 나 홀로 지식산업센터가 주목받기도 한다. 경기도에서는 주거단지 개발이 이뤄진 다산신도시 등에서 분양이 활발하다. 지식산업센터 등의 수익형 부동산은 아파트와 달리 주택법 적용을 받지 않기 때문에 자유롭게 분양권을 사고 팔 수 있다.

콘도와 분양형 호텔은
단순 투자 하지 말아라

2000년대 이후 수익형 부동산 상품도 다양화됐다. 전통적인 콘도미니엄 분양도 있지만 최근 몇 년 사이에 레지던스형 주거용 오피스텔, 분양형 호텔과 펜션, 농산어촌에 짓는 도시형 생활주택 등이 주목을 받았다.

이들 상품이 투자자들에게 새롭게 다가온 것은 적은 돈으로 투자가 가능한 데다 호텔식 서비스와 수익률 확정 분양 등을 내걸었기 때문이다. 여기에 수익률(연리 6% 이상) 광고도 투자자를 유혹하는 데 기여했다.

하지만 이들 상품 중 고수익형으로 광고하는 상품은 보유할수록 애물단지가 될 가능성도 있다. 광고와 상담에서 이야기하는 확정된

고수익을 못 받을 수 있기 때문이다. 웃돈을 받고 팔거나 실수요로 장기 보유하지 않을 생각이라면 굳이 투자에 나설 필요가 없다는 뜻이다. 특히 분양 때부터 확정 수익을 10년 내외로 보장한다고 광고하는 회사들은 나중에 낭패를 볼 수 있다. 부동산 시장에서 확정 수익을 1~2년도 아니고 수년간 보장하거나 보장이 가능한 상품은 사실상 없기 때문이다.

분양형 호텔 등은 계약이 제대로 안 되거나 준공 후 운영 시 수익이 예상보다 덜 날 경우 확정 수익률 지급 약속을 지키지 못할 가능성이 존재한다. 약속한 법인이 파산해버린 경우도 있다. 다양한 과대광고에 넘어가 피해를 보는 일이 없도록 각별한 주의가 필요하다. 다만 정부가 2018년 7월부터 수익형 부동산 분양 시 높은 수익률을 보장한다고 광고하면서 수익률 산출 근거를 함께 밝히지 않으면 최대 1억 원의 과태료를 물리기로 한 만큼, 과장된 수익률 광고는 대폭 줄어들 것으로 보인다.

더불어 지난 4~5년간 분양형 호텔, 수익형 생활주택 등은 특정 지역을 중심으로 너무 많이 공급됐다. 레저 수요의 한계가 있음에도 공급은 줄지 않은 것이다. 모든 부동산은 공급이 많으면 가격과 수익률 모두 떨어질 수밖에 없다.

10장

수익형 부동산 투자의 대세, 미니상가

모든 부동산 초보 투자자의 꿈은 자기 상가를 갖는 것이다. 이른바 건물주가 꿈이다. 건물 전체 주인이 되기는 어렵지만 일부라도 소유하는 주인, 임대업자가 되는 꿈이다.

임대업자가 되기는 생각보다 어렵지 않다. 건물을 사거나 자투리땅을 사서 개발한다면 큰돈이 들어가지만 미니상가를 분양받거나 매입하는 것은 상대적으로 적은 돈으로 가능하다. 우선 간단하게 생각하면 된다. 분양하는 건물의 미니상가(전용면적 10㎡ 이하)를 공급받거나 기존 상가의 미니상가를 매입하는 것이다.

물론 인구 고령화와 베이비붐 세대의 전면 은퇴 등으로 최근 몇 년 사이에 투자자 선호도가 높은 상품이 미니상가다. 그만큼 경쟁률도 치열하고 가격도 만만치 않다. 어느 지역이든 상가는 오피스텔이나 아파트에 비해 가격이 높다.

하지만 미니상가는 투자의 대안으로 떠올라 갈수록 인기가 높이진다는 것을 감안해야 한다. 미니상가를 갖겠다는 뜻을 세우고 단계적인 준비를 해나가면 실현 가능한 꿈이다.

미니상가,
주변 전체 상권을 봐야 한다

서울과 수도권, 각 도시의 도심권에 위치한 미니상가는 가격이 의외로 높다. 기존 상가의 경우 권리금을 포함하면 3.3m²당 1억 원을 넘어가는 곳이 많다. 수도권에서 상권이 썩 좋지 않은 지역의 미니상가를 분양받을 때도 최소 2억 원은 있어야 한다는 말이 나온다.

분양하는 미니상가는 주변 전체 상권을 봐야 한다. 개발 중인 곳은 완공 뒤 3~5년 후를, 기존 개발지라면 당장 주변 상권을 점검해 본 후 투자를 결정해야 한다. 하지만 상권 분석은 일반인이 하기에는 쉽지 않다. 공인중개업소 말만 믿지 말고 전문가들의 조언과 자신의 투자 계획을 꼼꼼히 따져봐야 한다.

기존 상가는 저렴하게 나왔더라도 권리금이 붙어 있다. 순매수가와 권리금을 합치면 의외로 비싼 가격이 매겨지는 것이 상가다. 상가를 산 후 낭패를 본 이들 대부분이 권리금 문제로 다투는 일이 잦은 이유다.

수익성을 계산할 때는 항상 권리금도 포함시켜야 한다. 특히 수도권은 상가 가격과 권리금이 비슷할 정도로 권리금이 높은 상가가 의외로 많다. 따라서 적은 돈으로 상가 투자를 하는 이들이라면 장기적인 차원에서 상권이 형성돼 있지 않은 신도시 분양 상가나 지방 중소도시 미니상가, 또는 상권이 죽어서 권리금이 사실상 없는 상가에 투자하는 것도 재테크 방법이다.

신도시 미니상가를 분양받거나 매입할 때는 가장 먼저 상가의 미래를 따져봐야 한다. 상권의 현재와 미래 가능성 등을 점검해야 하는 것이다. 우선 교통(지하철이나 전철역) 여건을 짚김하고 사람들이 머무는 상권인지 떠나는 상권인지를 따져봐야 한다.

기업과 직장인이 밀집해 있지만 저녁이나 주말이면 텅 비는 공동화 상권이나 베드타운 상권은 아닌지, 또는 종점 상권인지 등을 잘 섬검해야 한다. 실제 서울 여의도 상권이나 서울 밖 신도시 상권은 의외로 수익률이 낮다는 점도 참고해야 한다.

죽어가는 상가와 살아나는 상가는 분명 다르다. 전체적으로 상가와 주변 상권의 미래를 보면서 분석해야 한다. 또 기존 상가라면 소유자가 왜 상가를 팔려고 하는지를 검토한 후, 토지와 건물대장을 떼서 담보권 등 각종 권리 여부를 꼼꼼하게 따져야 한다. 이후 ① 공부상 적정성 여부, ② 임대료, ③ 건축물 하자 여부, ④ 월세와 관리비, 부가세, ⑤ 주차장 확보 최대치 등을 조사해야 한다. 그 밖에도 건물의 연령을 살펴보고 증축이나 리모델링 가능성이 있는지도 세심하게 따져봐야 한다.

LH를 비롯한
공기관 분양 상가에 주목해라

상가 투자 시에는 도시의 성장과 침체 여부도 염두에 둬야 한다. 지식 집약적 신흥 산업도시 등은 성장과 함께 상권도 급격히 발달한다. 하지만 노동 집약적 산업도시는 어느 순간 침체기로 접어든다. 최근 몇 년 사이에 나타난 울산과 경남 창원 진해, 통영, 전북 군산 등의 사례를 눈여겨볼 필요가 있다. 이와 함께 지난 수십 년간 구도심 상권의 변화를 떠올려봐야 한다. 오죽하면 정부가 전국 곳곳에 수백억 원을 투입, 도시재생사업에 나서는지를 알아야 한다. 따라서 상가 초보 투자자들은 공기업과 공기관이 분양하는 상가를 주목해서 볼 필요가 있다.

공공기관이 개발한 상가는 의외로 안전하고 예상보다 싸게 매입할

2017년 기준 전국 상가 평균 분양가(3.3m² 당)

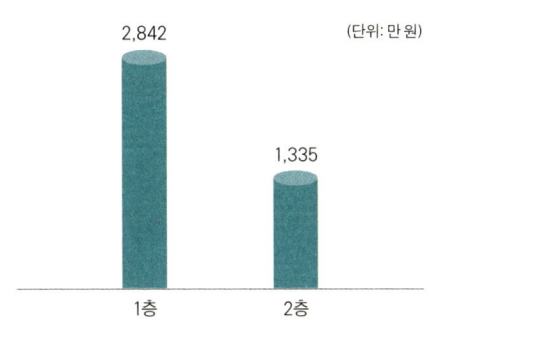

자료: 한국감정원 등

수 있다. 한국토지주택공사(LH)나 서울도시주택공사(SH공사)와 지방도시공사 등이 공급하는 상가가 이에 해당한다. 먼저 LH 단지 내 상가는 민간 분양보다 분양 가격이 저렴한 것이 특징이다. 다만 가격이 싼 만큼 경쟁이 치열한 것이 문제다. 2017년 LH가 공급한 점포 겸용 단독주택용지의 평균 경쟁률은 무려 218 대 1을 기록했었다.

단지 내 상가는 주민 생활에 필요한 편의점, 병원, 약국 등이 들어서는 상가다. 생활 밀착형 업종이 들어가고 각 업종별로 일정한 제한 공급이 형성돼 안정적인 수익이 가능하다. 단지 내 상가를 분양받거나 매입할 때는 주택 단지 규모, 거래 가격 수준, 점포 공급 상황 등 상권 분석을 우선해야 한다. LH 홈페이지에서 상가 입주자 모집 공고를 확인하고 인터넷을 통해 신청한다.

공기관이 분양하는 모든 상가는 분양받거나 매입할 때 상가 전체의 쓰임새를 우선적으로 살펴야 한다. 1층은 상상 외로 분양 가격이 비싸다. 주변 시세에 향후 상권 활성화 가능성에 대한 기대심리까지 가격에 반영된 경우가 많기 때문이다. 따라서 자금 여력이 없다면 1층 상가만 고집하기보다는 상층부 상가도 눈여겨볼 필요가 있다.

비싼 상가는 그만큼 임차인 찾기도 쉽지 않다. 지하철과 연결된 상가라면 지하층도 좋다. 물론 3층 이상도 병원, 학원, 음식점, 운동 시설 등 용도에 따라 투자비 대비 임대 수익률이 높은 곳이 있다.

저금리, 고령화, 조기 은퇴로 상가 투자자가 늘면서 경쟁률도 심하다. 상가 투자 시에는 주의점이 많다. 물건에 하자가 없더라도 상권을 분석하지 못하면 낭패 보기가 십상이다.

초보자는 신규 택지지구 분양 상가 청약에 신중해라

초보 부동산 투자자라면 상가 투자에는 신중에 신중을 기해야 한다. 특히 목돈이 없는 상황에서 신규 택지지구 상가는 분양받지 말아야 한다. 더구나 초보자라면 더욱 투자를 자제해야 한다. 신규 택지지구 상가는 상권이 자리 잡기까지 상당한 시간이 걸리기 때문이다. 또 대부분 분양 가격이 높다. 상권이 단기간에 활성화가 안 되면 임차인들의 임대료 체불, 대출 이자, 세금 등의 부대비용으로 어려움에 처할 확률이 높다. 상가 투자는 우선 종잣돈이 최소로 들어가는 방법을 찾아야 투자 리스크를 최소화할 수 있다.

경매를 공부했다면 상가 투자에 활용해보자. 경매에 나온 상당수의 상가가 80%가량의 대출이 가능하므로 20%의 자금으로 살 수 있다. 5,000만~6,000만 원에 3억 원대 상가를 매입할 수 있는 기회다.

또한 상가 투자는 장사가 잘될 때보다 불황일 때 매입을 검토하는 것이 좋다. 특히 장사가 안 될 때를 기준으로 상권 주변을 점검해보고 수익률도 살피는 것이 중요하다. 투자 적정 지역은 두말할 필요도 없이 장사가 잘되는 곳이다. 그러나 그만큼 투자비가 많이 들어간다. 상가를 직접 운영할 생각이 아니라면 굳이 장사가 잘되는 곳을 비싸게 살 필요가 없다. 상가는 미래를 보는 것이 투자의 철칙이다.

상가 투자는 소비 성향, 유동인구 등 원칙에 충실해야 낭패를 보지 않는다. 소비를 많이 하는 젊은 층이 밀집되는 곳이 좋은 상권이다. 또 이른바 유동인구를 붙잡아둘 수 있는 테마가 있는 곳도 좋다. 구체적으로 대학가, 유행의 거리, 학원 밀집 지역 등이 해당한다.

상가 투자를 위해 대출을 받는다면 이자율이 낮은 대출을 우선시해야 한다. 각 금융기관별로 꼼꼼히 따져보고 대출을 받아야 한다. 상가 대출은 2018년 3월부터 RTI(이자상환비율)가 도입됐다. RTI는 연간 부동산 임대소득을 연간 이자비용으로 나누어 계산한다. 해당 임대업 관련 대출뿐만 아니라 임대 건물의 기존 대출 이자비용까지 모두 합산한 후 대출과 이자 상환 등을 결정한다.

상가 대출 시에는 LTI(소득대비대출비율)도 주목해야 한다. 자영업자의 근로소득, 영업이익 등을 더한 총소득과 대출을 모두 따지기 때문이다. 뱅크월드(www.bankworld.co.kr), 융자넷(www.yoongja.net) 등에서 상담하면 좋은 조건의 대출을 알아볼 수 있다.

 **직접 운영과 위탁 운영**

위치가 안 좋은 싼 땅에 지은 건축물을 비싸게 팔기는 거의 불가능하다. 분양 경제성이 없기 때문이다. 그래서 땅은 무조건 '목이 좋아야 한다'는 말이 있다.

하지만 목이 안 좋은 땅이라도 다양한 아이디어를 접목하면 의외로 가치 있는 땅으로 변화시킬 수 있다. 자투리땅을 사서 건물을 짓거나 미니 건축물을 사더라도 그 활용 여부에 따라 수익성이 달라지는 것이다.

단순히 땅의 시세차익을 볼 목적이라면 개발 정보를 정확히 파악하고 불황기에 땅을 사면 좋다. 투자자들이 땅 사는 것을 주저할 때 사놓으라는 것이다. 사놓은 땅은 공사 착공과 진척 상황에 따라 매도하면 된다. 하지만 이럴 경우 수익률은 예상보다 낮다.

분양받은 부동산 또는 자투리땅에 건축물을 지을 때는 전면 분양이나 직접 운영 혹은 간접(위탁) 운영 중에서 택일해야 한다. 임대사업을 개인으로 할 때와 법인으로 할 때 단계별로 적용되는 세금이 다른 것과 같이 여러 차이가 있기 때문이다

주택을 지어 임대할 때는 여러 층이라도 집주인이 거주하면서 직접 운영하는 경우가 많다. 상대적으로 수익률이 높다는 인식을 하기 때문이다. 하지만 2018년 안에 보유세 인상이 예상된다. 관리 부담과 의료 보험도 많이 오른다. 세금도 문제다. 법인사업자로 하면 세율이 최고 25%(2018년)로 개인 최고 42%(2018년)보다 낮고 비용 공제도 많다. 하지만 직접 운영하면 이런 혜택이 없다.

법인사업자로 등록하지 않았다면 전면 위탁 운영하는 것도 방법이다. 운영비용이 어느 정도 들어가지만 하자 보수 문제, 임대차계약서 문제, 공실률 등을 종합적으로 감안하면 위탁 운영이 유리할 수도 있다.

11장

자투리땅, 대박의 초석

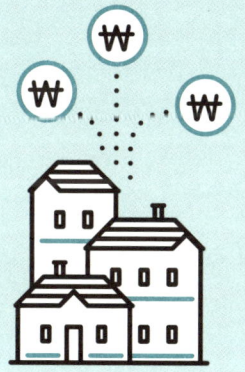

부동산 대박은 어디에 있을까? 이는 누구나 묻는 질문이다. 하지만 종잣돈이 변변치 않은 일반인들은 그 대답을 찾기 위해 공부가 필요하다.

누구나 돈 되는 자투리땅을 찾고 싶어 한다. 하지만 돈 되는 소규모 땅을 아무나 쉽게 찾을 수 없다. 부동산 용어를 먼저 알고, 토지 종류 및 쓰임새, 시장 흐름 등을 파악해야 좋은 땅을 고를 수 있다. 토지 공부를 통해 자투리땅에서 해답을 찾아야 하는 것이다.

흔히 전문가들에게 돈 되는 땅을 '찍어 달라'고 하면 간단하게 설명한다. 그러고는 상식적으로 수긍이 가는 곳을 찍어준다. 어느 지역의 개발 상황과 미래 등을 설명해주고 해당 지역의 적당한 곳을 사라고 조언한다. 하지만 그 다음은?

전문가들이 찍어주는 토지는 ① 국가 산단 3km 내외, ② 고속도로나 고속화도로 인터체인지(IC) 3km 내외, ③ 택지지구 3km 이내다. 이들 지역의 대지, 공장 용지, 창고 용지 등이 될 만한 밭이나 논(농업진흥구역 제외), 임야를 사두라는 얘기다.

하지만 토지 시장은 그렇게 녹록치 않다. 아무렇게나 땅을 사면 된다고 해서 토지를 샀다가는 자칫 온갖 규제에 걸린다. 다만 2017년 전국 땅값 상승률(평균 3.88%)에서 나타나듯이 토지는 사놓으면 큰 후회는 하지 않는다. 은행 금리보다 훨씬 높기 때문이나. 2017년은 세종시(7.02%)의 땅값 상승폭이 가장 컸다. 이어 부산 6.51%, 제주 5.46%, 대구 4.58%, 서울 4.32% 순으로 높게 상승했다. 이들 지역 토지는 은행 금리의 2~4배 수준으로 올랐다.

토지 투자는 용어부터 알아야 한다

꼭 알아야 할 토지 용어

자투리땅 투자의 시작은 토지 용어를 아는 것부터다. 땅에 대한 투자를 하려면 수많은 용어부터 알아야 한다. 토지 투자를 진행하면서 용어를 모르면 타인에게 투자를 맡길 수밖에 없다. 믿고 맡기는 상황 이전에 스스로 먼저 알아야 자투리땅 투자에 성공할 수 있다는 점을 명심하자.

용어를 모르더라도 4대 공적 장부인 토지이용계획원, 등기사항전부증명서, 토지대장, 지적도 등을 볼 줄 알아야 한다. 토지 투자는 목돈이 들어가는 만큼 주식이나 미니 아파트와 달리 모르면 큰 손해를 볼 수밖에 없다. 우선 땅을 가리키는 다양한 용어부터 알아보자.

- **대지**垈地

  건축물이 있는 땅이거나 건축법으로 건축할 수 있는 모든 땅. 택지나 상업지 등으로 이용되는 땅.

- **부지**敷地

  포괄적 개념의 토지. 건축물을 건축할 수 있는 건축용지, 도로 철도, 하천 부지 등.

- **택지**宅地

  주거용, 상업, 공업용 등 건축물을 건축할 수 있는 용지.

- **맹지**盲地

  도로와 섭하고 있는 부분이 없는 토지.

- **필지**畢地

  토지를 등록하는 단위로 1개의 지번이 붙는 토지.

- **나대지**裸垈地

  건축물(지장물)이 없는 땅. 건축물을 짓기 위해 비워 놓은 땅의 총칭.

- **선하지**線下地

  고압 전선이 지나가는 곳 밑에 있는 땅.

- **포락지**浦落地

  하천, 계곡이 무너져 흐른 땅.

- **빈지** 瀕地

    바다와 육지 사이의 땅(소유권 불인정). 바닷물이 나갈 때 보이는 땅.

- **미불지** 未拂地

    미불용지. 정부나 자치단체 등에 수용되었으나 보상이 되지 않는 땅. 보상을 거부한 땅 등.

- **공개용지** 公開用地

    건축할 땅의 일부를 조경이나 공원, 공터로 남긴 땅.

이밖에도 땅을 지칭하는 용어는 다양하다. 용어를 보고 들을 때마다 뜻을 파악해두는 것이 좋다. 부동산 시장에서 쓰는 용어는 대부분 일본의 부동산 용어를 그대로 수용하다 보니 한문으로 표기한다. 한문을 읽을 줄 알아야 부동산 용어도 쉽게 알 수 있는 셈이다.

자투리땅 매매 시 알아야 할 기본 용어

땅을 사면 반드시 소유권 이전을 해야 한다. 중도금 혹은 잔금을 지급한 즉시 법원(등기소)에 토지등기를 해야 내 땅이 되는 것이다. 따라서 토지를 사기 전에 정확한 지번을 다시 한 번 확인하고 토지이용계획원을 꼼꼼히 살펴야 한다. 이어 단독등기를 할지 공동등기를 할지 등의 제반 사항을 파악하고 있어야 한다.

자투리땅 투자 시에는 다양한 용어를 습득하고 있어야 한다. 토지 투자 관련 용어는 상식적으로 알고는 있지만 실제 사용하면서 무슨 뜻인지 모르는 때도 많다. 다음은 토지 투자 시 자주 등장하는 관련 용어다.

- **공시지가** 公示地價

    국토부장관이 조사, 평가해 공시한 토지의 단위 면적당 가격. 건축물을 제외하고 순수한 땅 면적만을 가지고 측정한 땅값으로 표준공시지가와 개별공시지가로 나뉜다. 시, 군, 구청 홈페이지에 들어가면 알 수 있다.

- **기준시가** 基準時價

    세금을 부과하는 기준이 되는 가격으로 토지와 토지 위의 선축물까지 포함한 전체 재산의 감정가액. 토지·건물 등 부동산과 골프·회원권 등 특정 점포 이용권을 팔거나 상속 또는 증여할 때 양도소득세나 상속세, 증여세 등의 과세액을 부과하는 기준.

- **토지이용계획원** 土地利用計劃原

    '기본 정보'는 토지의 소재지, 지목, 면적 등이 나타나 있는 장부. 토지를 구매하기 전에 반드시 확인해야 할 것이 바로 이 토지이용계획원이다.

- **지번** 地番

    토지 필지에 부여해 지적공부에 등록한 번호. 지번은 아라비아

숫자로 표기한다. 임야 대장 및 임야도에 등록하는 토지 지번은 숫자 앞에 '산'을 붙인다.

- **개별등기** 個別謄記

  토지에 대한 소유권, 권리, 재산권 행사 등을 개인이 할 수 있는 등기. 등기부등본에 '소유자 이름'이 표기된다.

- **공동등기** 共同謄記

  한 '필지'의 소유권을 나눠 갖는 형태의 등기. 땅을 나눠서 등기하는 것, 또는 '지분'에 대한 소유권을 나눠 갖는 것 등이 이에 해당한다. 등기부등본에는 합유자라고 표기되며 권리를 독립적으로 행사할 수 없다. 즉 매도, 재산권 행사 등의 행위를 할 때는 공동등기자(지분권을 가진 자)의 동의가 있어야 가능하다. 공동등기는 10 대 90, 50 대 50 등 지분 표시를 다양하게 할 수 있다.

- **저당권** 抵當權

  채무자 또는 제3자가 채권 담보를 제공한 부동산 기타의 목적물을 채권자가 인도를 받지 아니하고 그 목적물을 관념적으로만 지배하는 것으로, 채무 변제가 없으면 변제를 받을 권리다. 채권자가 소유권이나 점유권을 갖지 않는다. 근저당권 根抵當權 은 장래에 생길 채권의 담보로서 일정한 금액을 한도로 저당권을 미리 설정할 수 있는 권리를 가리킨다.

- **공동담보등기** 共同擔保謄記

  여러 개의 부동산권리를 목적으로 저당권 설정등기를 신청할 때 신청서에 그 여러 명의 부동산권리를 표시하여 등기하는 것을 말한다.

- **대체산림자원조성비**代替山林資源造成費

지목이 임야인 경우 이를 지을 수 있는 땅으로 만들고 싶을 때, 산지전용허가 및 개발행위허가를 득하게 되어 있다. 임야는 공시지가를 기준으로 산지조성비, 즉 대체산림자원조성비를 납부하는 것이 아니라 산지법으로 산지를 보전산지와 준보전산지 등으로 구분하여 그 금액을 정하고 있다. 토지이용확인원상 보전산지로 표시되지 않은 임야는 준보전산지로 보며, 보전산지에 개발하는 것은 보전하라는 임야를 개발한 경우에 해당하므로 평당 1만 몇 천 원 정도의 조성비를 납부해야 한다. 준보전산지는 개발하라고 정해 놓은 지역이기에 보전 산지보다는 적은 금액인 평당 1만 원 정도의 조성비가 소요된다.

자투리땅의 '용도지역'을 우선 알아야 한다

모든 땅은 용도가 정해져 있다. 이른바 땅의 쓰임새다. 땅을 보전해야 할지, 건물을 지어야 할지, 농사용인지, 산림인지 등을 결정해 놓고 있다. 때문에 토지 용도지역用度地域은 땅 투자에서 가장 중요한 용어다.

토지에서 가장 중요한 것은 건축 가능 여부이므로 토지 용도를 잘 알아야 한다. 도시지역, 관리지역, 농림지역, 자연환경보전지역 등의 용도지역이 다양하고, 용도에 따라 건폐율과 용적률도 다르다.

토지 용도지역은 크게 도시지역과 비도시지역으로 나눈다. 그중 비도시지역은 다시 관리지역과 농림지역, 자연환경 보전지역으로 구분한다.

관리지역은 대개 시골이라 생각하면 된다. 관리지역은 처음에는 개발을 장려할 목적으로 지정했었지만, 난개발이 이뤄지자 이를 방지하고 관리할 목적에서 다시 보전관리지역, 계획관리지역, 생산관리지역, 이 세 가지로 나눴다.

- **보전관리지역**保全管理地域

  산림청에서 보호할 만한 이유가 있는 식생물이 존재하는 지역으로, 그린벨트, 상수도 보존지역, 국립공원 등이 있다. 실질적으로 개발을 목표로 투자하기 가장 힘든 토지다. 따라서 토지 투자를 한다면 대부분 계획관리지역과 녹지지역(도시지역)이 타깃이다. 토지이용계획확인원을 보면서 해당 지목이 '전, 답'이더라도 도시지역의 녹지지역에 속해 있는지, 비도시지역의 계획관리지역인지 생산관리지역인지 정도는 알아야 한다. 그리고 '지목'이 도시지역에 포함되면서 자연녹지에 해당하는 경우일 때가 토지 투자에 적합한 지역일 가능성이 높다고 한다.

- **계획관리지역**計劃管理地域

  문자 그대로 계획해서 관리하는 혹은 관리해야 할 땅이다. '국토의 계획 및 이용에 관한 법률' 개정에 따라 향후 도시지역으로 편입이 예상되는 지역이지만 자연 환경을 고려하여 정부가 들어설 수 있는 건물들을 제한하고 있는 지역이다. 임야로 사용되지만 길이나 배수로가 있는 대지로 용도 변경을 예상할 수 있고 개발이 가능한 녹지지역이 이 계획관리지역에 해당한다.

- **생산관리지역**生産管理地域

    주로 농지로 농업 생산을 장려하는 토지다. 농지가 대부분이라 장기 투자도 가능하지만 사실상 귀농인 외에는 투자가 힘들다.

- **개발제한구역**開發制限區域, Greenbelt

    도시의 무질서한 확산을 방지하고 도시 주변의 자연 환경을 보전하기 위해 도시 개발을 제한할 필요가 있거나 국방부장관의 요청이 있을 경우 개발제한구역의 지정 또는 변경을 도시관리계획으로 결정할 수 있다. 개발제한구역의 지정과 관리에 관한 전반적인 사항은 '개발제한구역의 지정 및 관리에 관한 특별조치법'에서 별도로 규정하고 있다.

- **시가화조정구역**市街化調整區域

    도시지역과 그 주변 지역의 무질서한 시가화를 방지하고 계획적이고 단계적인 개발을 도모하기 위해 5~20년의 기간 동안 시가화를 유보할 필요가 있다고 인정되는 경우 도시관리계획으로 결정하는 구역을 가리킨다. 시가화조정구역은 건설교통부장관이 지정하는 것으로 시장, 군수, 구청장이 도시계획위원회 심의를 거쳐서 지정하는 개발행위허가제한지역과는 그 의미가 다르다.

- **수산자원보호구역**水産資源保護區域

    국토교통부장관이 직접 또는 해양수산부장관의 요청을 받아 수산자원의 보호와 육성을 위해 필요한 공유수면이나 그에 인접한 토지에 지정하는 구역을 말한다.

- **지구단위계획**地區單位計劃

  도시계획 수립 대상 지역 안의 일부에 대해 토지 이용을 합리화하고 그 기능을 증진시키며 미관을 개선하고 양호한 환경을 확보하고, 해당 지역을 채계적이고 계획적으로 관리하기 위해 수립하는 도시관리계획이다. 제1종 지구단위계획과 제2종 지구단위계획으로 구분한다.

쉽지만 잘 모르는
'주거지역' 구분하기

우리가 흔히 접하는 것이 주거지역住居地域, Residential area이다. 특히 재건축 단지에 투자할 때는 반드시 잘 알고 있어야 낭패를 면할 수 있다. 주거지역 구분에 따라 용적률(대지면적에 대한 건물 연면적 비율)이 달라지는데, 용적률이 높고 낮음에 따라 그만큼 재건축 지분율도 차이가 나기 때문이다.

- **제1종 전용주거지역**專用住居地域

  양호한 주거 환경을 보호하기 위한 도시계획법상의 용도지역. 전용주거지역을 세분한 것으로 종전의 전용주거지역은 경과규정에 의하여 제1종 전용주거지역으로 분류한다. 단독주택 중심의 양호한 주거 환경을 보호하기 위한 것으로 건폐율은 50%, 용적률은 80%를 적용받는다. 층고 제한은 특별한 규정이 없으나 자치단체 등에서 조례로 제한하고 있다.

- **제2종 전용주거지역**

  공동주택 중심의 양호한 주거 환경을 보호하기 위한 것으로 건폐율 40%, 용적률 120%를 적용한다. 층고는 법으로 제한받지 않으나 자치단체 등에서 조례 등으로 규제하고 있다.

- **제1종 일반주거지역**

  저층 주택을 중심으로 주거 환경을 조성하기 위한 것으로 건폐율 60%, 용적률 150%를 적용한다. 건물의 층고는 4층 이하로 건축해야 한다.

- **제2종 일반주거지역**

  중층 주택 중심의 주거 환경을 조성하기 위한 것으로 건폐율 60%, 용적률 200%를 적용한다. 층고는 15층 이하로 건축하되, 다만 15층 이하의 범위 안에서 따로 층수를 정하거나 구역별로 층수를 세분하여 정하는 경우에는 그 층수 이하의 건축물에 한하고 있다.

- **제3종 일반주거지역**

  중·고층 주택을 중심으로 주거 환경을 조성하기 위한 것으로 건폐율 50%, 용적률 250%를 적용하며 층고 제한은 없다. 하지만 서울 한강변 아파트 단지 재건축에서 보듯이 자치단체에서 조례 등으로 층고를 제한하고 있다.

- **준주거지역**

  주거 기능을 위주로 이를 지원하는 일부 사업 기능 및 업무 기능을 보완하기 위해 필요한 지역이다. 주상복합 아파트 등을 지을 수 있다. 주거지역과 상업지역 사이에 완충 기능이 요구되는 지역 등을 대상으로 지정한다. 장례식장·공장 등 주거 환경을 침해할 수 있는 시설은 주거 기능과 분리시켜 배치하고 주변에 완충 녹지를 배치하도록 한다. 현행 건축법에서는 500%로 하고 있다. 일부 지역은 용적률 상한선을 700%로 하는 곳도 있다고 한다.

상업·공업지역이라고 다 같지는 않다

주거지역 외에 중요한 '지역' 구분 용어가 있다면 바로 상업과 공업지역이다. 흔히 이들 지역은 용도가 구분되지 않은 것으로 착각하는 이들이 많다. 하지만 상가나 지식산업센터 투자를 할 때 반드시 알아야 할 것이 상업지역과 공업지역을 구분하는 용어다. 상업지역도 각 지역별로 용적률과 건폐율이 달라 개발 시 수익성에서 큰 차이가 나기 때문이다.

- **중심상업지역**

    도심·부도심의 상업 기능 및 업무 기능의 확충을 위한 지역으로, 용적률은 1500%까지 가능하다.

- **일반상업지역**

  일반적인 상업 기능 및 업무 기능을 담당하는 데 필요한 지역으로, 용적률은 1300% 이내로 한다.

- **근린상업지역**

  근린지역에서 일용품 및 서비스의 공급을 위해 필요한 지역으로, 용적률 900%를 적용받는다.

- **유통상업지역**

  도시 내 및 지역 간 유통 기능 증진을 위해 필요한 지역으로, 용적률은 1100%까지 적용받을 수 있다.

- **전용공업지역**

  주로 중화학공업, 공해성공업 등을 수용하기 위해 필요한 지역으로, 용적률은 300%를 적용받는다.

- **일반공업지역**

  환경을 저해하지 않는 공업 배치를 위해 필요한 지역으로, 350% 이내의 용적률을 적용한다.

- **준공업지역**

  경공업과 그 밖의 공업을 수용하되 주거 기능, 상업 기능 및 업무 기능의 보완이 필요한 지역으로, 용적률 400%를 적용한다.

우리나라 국토 모두가 관리지역이라고?

우리나라는 늘 난개발이 사회문제로 대두되고 있다. 기존 국토이용관리법의 준농림지역을 악용, 대규모 혹은 나홀로 아파트 단지를 짓는 등 난개발이 있어왔기 때문이다. 이에 따라 정부는 난개발 문제를 최소화하기 위해 국토계획법에서 기존의 준도시·준농림지역을 관리지역으로 변경했다. 이후 토지 사용 적성 평가를 거쳐 관리지역을 보전관리지역, 생산관리지역, 계획관리지역으로 다시 분류했다.

- **보전관리지역**

    자연 환경 보호, 산림 보호, 수질 오염 방지, 녹지 공간 확보 및 생태계 보전 등을 위해 보전이 필요하거나 주변 용도지역과의 관계 등을 고려할 때 자연환경보전지역으로 지정하여 관리하기가 곤란한 지역을 지칭한다.

- **생산관리지역**

  농업, 임업, 어업 생산 등을 위해 관리가 필요하나 주변의 용도지역과의 관계 등을 고려할 때 농림지역으로 지정하여 관리하기가 곤란한 지역을 말한다.

- **계획관리지역**

  도시지역으로 편입이 예상되는 지역 또는 자연 환경을 고려하여 제한적인 이용, 개발을 하려는 지역으로서 계획적이고 체계적인 관리가 필요한 지역이다.

- **자연환경보전지역**

  자연 환경, 수자원, 해안, 생태계, 상수원 및 문화제 보전과 수산자원의 보호, 육성 등을 위해 필요한 지역이다.

- **농림지역**

  농림 또는 임업의 진흥을 위해 지정하는 지역으로, 농지법상 농업진흥지역과 산지관리법상 보전산지 등을 말한다. 1990년 제정된 농어촌발전특별조치법에 따라 농지를 효율적으로 이용·보전하기 위해 만들어졌다.

  농업진흥지역農業振興地域, agricultural development region은 다시 농업진흥구역과 농업보호구역으로 나뉜다. 농업진흥구역은 상당한 규모의 농지가 집단화된 지역으로, 장기적으로 농업에 이용하는 것이 필요한 지역이다. 이 지역에는 농업과 직접 관련이 되지 않은 한 다른 용도로 토지를 이용할 수 없다. 상당한 규모의 농지가 집단화해 농업 목적으로 이용하는 것이 필요한 지역이다. 농업보호구역은 농업진흥구역의 농업 환경을 보호하는 데 필요한 지역으로서, 농업 환경 보호 목적으로만 이용할 수 있다.

06
자투리땅 정보는
어디서 알 수 있을까

 자투리땅은 토지 개발 과정 수용에서 제외되거나 크기가 작아 활용하기가 어려운 땅을 가리킨다. 그래서 예상보다 저렴한 비용에 매입할 수 있다. 토지 시장에서 자투리땅은 틈새시장이다. 자투리땅을 매입해서 투자 수익을 올리는 이들은 의외로 많다.
 자투리땅을 굳이 서울 중심에서 찾을 필요는 없다. 서울은 노원구, 은평구, 도봉구, 강서구, 금천구 등 외곽이라도 이미 땅값이 많이 올라 있는 상태다. 서울과 근접한 관문 도시인 수원과 용인시, 광주시, 남양주시, 광명시 등을 물색하는 것이 낫다
 자투리땅은 아니지만 최근 4~5년 사이에 토지 투자 열기가 대단하다. 2017년 9월 강원 원주시 원주기업도시의 땅을 두고 '청약 열풍'

이 붙었다. LH가 1층은 상가, 2층 이상은 집을 지을 수 있는 땅(48곳)을 분양했는데 청약자가 엄청나게 몰린 것이다. 무려 14만 명에 육박하는 이들이 몰려 평균 경쟁률이 2,916 대 1이나 됐다. 1만 대 1을 넘는 땅도 나왔다.

원주기업도시 땅은 자투리땅이 아니지만 개발 호재와 미래 가치가 부풀려지면서 경쟁률이 치열했다. 이런 땅을 살 수 있는 것은 순전히 운수 보기에 다름 아니다. 물론 이 땅은 잔금을 모두 내기 전까지는 전매가 제한된다. 하지만 자투리땅은 다르다.

부동산은 정보가 필수다. 언제 어디서 어떤 물건이 나오느냐, 혹은 이미 중개가 되고 있느냐를 먼저 알아야 한다. 따라서 무턱대고 도심 자투리땅 찾기에 나서지 말아야 한다. 도심의 자투리땅을 사기는 쉽지 않다. 정보가 많지 않을뿐더러 너무 비싸기 때문이다. 소액 투자자 입장에서는 아예 도심 땅에 접근하지 않는 편이 현명하다. 대신 대도시나 중소도시의 도심이 아닌 외곽, 혹은 주변 지역을 노려야 한다.

토지 정보는 발품을 팔아서 해당 지역을 방문·탐문하는 것이 가장 좋다. 하지만 시간이 없는 도시인에게 방문 정보는 그림의 떡일 뿐이다. 그럼 토지 투자 정보를 어디에서 얻을 수 있을까? 공기관이나 공기업과 포털 등에서 예상보다 쉽게 얻을 수 있다. 자투리땅 정보는 LH 매각 부지 입찰, 한국자산공사(캠코)에서 운영하는 공공자산 온라인 입찰 시스템인 '온비드(www.onbid.co.kr)'를 이용하는 것이 좋다. 포털사이트의 협소주택 정보 공유 카페 등에서도 얻을 수 있다.

변방 자투리땅에서
소액 투자의 미래를 잡아라

　토지 투자를 어렵게 생각하는 이들은 의외로 많다. 그래서 여유 자금이 있어도 섣불리 투자에 나서지 않는다. 하지만 '자투리 토지'는 다양한 활용 방법이 있다는 점을 주지하면 토지 투자에 대한 결정을 빨리 내릴 수 있다. 적은 금액이라도 개발 호재가 있는 자투리땅을 구입한다면 언제든 좋은 수익을 낼 수 있다.

　자투리땅을 살 때는 땅의 용도(최소한 준주거지역)를 잘 봐야 한다. 땅을 샀는데 근생 시설만 가능한 용도라면 수익을 내기가 쉽지 않다. 용적률(용적률이 높으면 건물을 높게 지을 수 있다), 건폐율(건폐율이 높을수록 대지를 효율적으로 이용할 수 있다)을 눈여겨본 다음에 사야 한다. 자투리땅을 사더라도 최소 66m² 이상은 돼야 한다. 40%를 기부채

납하더라도 40m²에 건물을 지을 수 있기 때문이다.

　자투리땅은 매수 희망자가 발품을 팔아 구석구석을 방문하고 찾아내 분석하는 혜안을 가져야 한다. 싸게 나온 땅은 이유가 있지만 상대적으로 저렴한 토지, 지목이 섞여 있는 토지, 못생긴 땅 등을 잘 고르면 의외로 싸게 살 수 있다.

　자투리땅은 도심권보다 변두리 지역에서 의외로 소액 투자 물건을 쉽게 찾을 수 있다. 서울이라면 그나마 살짝 외곽 쪽인 금천구, 은평구를 노리는 것도 좋다고 덧붙였다. 서울 중심 쪽은 평당 4,000만 원이 넘기도 하지만, 이 지역들은 평당 1천만 원 대의 땅을 살 수 있다고 한다.

　농촌지역 자투리땅을 살 때는 각별한 노력이 필요할 뿐만 아니라 주의할 점도 많다. 단순히 땅이 탐난다고 마을 이장이나 지인을 믿고 사다가는 낭패를 보는 수가 종종 있다. 공동체 마을 개발, 수익형 단지 조성 등 개발 계획은 특히 조심해야 한다. 시골 임야는 토지 주인이 자주 바뀌는 곳이 많거나 공동명의도 많다는 것에도 주의해야 한다.

　땅은 맹지(주변에 도로가 없어 통행할 수 없는 땅)도 많다. 단순한 진입로 확보를 조건으로 샀다가 나중에 골치가 아파지는 경우도 많다.

12장

부동산 소액 투자의 미래, 농지에 있다

아파트가 단기전이라면 토지 투자는 장기 승부다. 토지에서 좋은 수익을 얻으려면 적어도 5년 이상을 보유하고 있어야 한다. 당연히 투자금도 일정 기간 묻어 놓을 수 있는 여유 자금으로 사야 한다.

대부분의 투자자들이 '부동산 대박이 있다'는 것을 알면서도 토지 투자를 쉽게 결정하지 못하는 이유는 장기간 돈이 묶이기 때문이다. 하지만 토지는 기다리면 예상보다 훨씬 많은 수익을 가져다주는 경우가 많다. 특히 농지 투자는 기본적으로 리스크를 최소화할 수 있다. 특히 소액 농지 투자를 통해 농업에 종사하는 기간을 충족하면 농업인 자격을 얻어 농지연금을 받을 수 있다. 농지연금은 가입하면 수확물을 얻으면서 연금도 받는다. 일석이조로 주택연금보다 더 낫다는 것이 대체적인 의견이다. 소액 투자자라면 농지 매입에 도전해볼 만하다.

01
농지천하지대본
시대의 도래

세계적인 투자가들은 최근 몇 년 사이에 농지 투자를 부쩍 강조하고 있다. 2018년 3월 한국에 온 원자재 투자의 대가인 로저스홀딩스 회장 짐 로저스는 농지에 투자의 미래가 있다고 강조했다.

21세기에 접어들면서 농지천하지대본 시대가 성큼 다가왔다. 농업에 대한 젊은이들의 새로운 접근과 4차 산업혁명이 본격화하면서 농지 르네상스가 도래한 것이다. 농업에 대한 인식이 변하면서 다양한 형태의 농업 스타트업이 등장하고 있다. 특히 정보통신기술ICT을 접목한 생산성 높은 농장과 스마트 팜도 늘어나는 추세다. 단순한 관광 농원이나 체험 농장이 아닌, 여가와 레저를 결합한 지속 가능한 사회적 농업도 확산되고 있다. 단순히 생산 농업 특유의 체험 농업을 넘어선 것이다.

　농업의 변신은 농지와 농지 투자에도 변화를 몰고 오고 있다. 특히 스마트 팜이 불러온 농지 수요 증가는 농지 투자 시대를 앞당길 가능성이 크다. 도시민 누구나 스마트 팜을 소유하는 시대가 올 수 있다는 뜻이다. 스마트 팜은 곤충 농장, 시설 원예, 축사에 정보통신기술을 접목해 스마트폰이나 PC를 활용해 원격 제어하는 농장이다. 누구나 스마트 팜을 갖는 농업혁명 시대가 오면 농지 가격 상승은 필연적으로 도래할 것이다.

소액 투자한 농지가
노후 대책이 된다

농지는 다양한 방법으로 지주에게 보답한다. 우선은 수확물로 보답하고, 공시지가 등 땅값 상승으로 주인을 기쁘게 한다. 특히 농지연금을 받을 수 있는 것도 큰 수확물이다. '경자유전耕者有田'(농지를 가진 사람만이 농사를 지을 수 있다) 원칙을 지키면서 투자의 혜안을 여는 것도 누구에게나 주어진 기회다.

은퇴기에 접어든 소액 투자자라면 농지 투자를 고려해야 한다. 당장의 수익을 내기 위해 여기저기를 기웃거리기보다는 과감한 귀촌을 통해 농지를 사는 것이 노후의 행복을 결정지을 수 있다.

다만 도시인이 농지를 사기는 쉽지 않다. 우선 농업인 자격을 얻을 필요가 있다. 이를 위해서는 농지를 1,000m²(300평 이상) 사야 한다.

물론 농지를 샀다고 농업인이 되는 것은 아니다. 농업인 조건에 맞게 연간 90일 이상 직접 경작을 해야 한다. 또 농지원부나 농업경영체 등록확인서에 농업인으로 등록해야 한다.

자투리땅이라도 농사를 짓는 땅이라면 직불금을 받을 수 있다. 직장인이 '13월의 보너스'를 받듯이 농업인도 1년에 한 번 직불금을 받는다. 직불금은 '쌀소득보전직접지불제', '밭농업직접지불제', '조건불리지역직접지불제', '경관보전직접지불제', '친환경안전축산물직접지불제', '농업용 면세유류 사후관리' 등 다양하다. 자세한 내용은 농산물품질관리원 홈페이지(http://www.naqs.go.kr)에 가면 알 수 있다.

소액 농지 투자자라도 농지연금이 가능하다

농지를 사서 농사를 짓고 농업인 자격을 얻으면 농지연금 수혜자가 될 수 있다. 농지연금은 5년 이상의 영농 경력을 인정받아야 가입할 수 있다. NH투자증권 100세연구소가 2018년 3월 말에 펴낸『100세 쇼크: 100세 시대의 시작, 준비됐는가?』(굿인포메이션, 2018)를 통해 농지연금이 좋은 이유를 살펴보자.

먼저 농지는 농지연금에 가입해 담보를 잡힌 농지를 스스로 경작할 수 있고 임대할 수도 있다. 물론 수확물은 자기 몫이다. 또 농지연금 신청인과 배우자에게 연금을 모두 종신토록(신청인이 사망해도) 보장해준다.

농지연금은 개인연금이나 국민연금을 받고 있어도 중복 수령이 가능하다. 특히 수령자가 사망했을 때 연금을 받은 액수가 농지 가격보다 많아도 채무를 상속인에게 청구하지 않는다. 농지 가격이 받은 연금을 넘어설 때는 그 차액을 상속인에게 준다. 한편 2011년 도입된 농지연금은 2015년 말 기준으로 가입자가 5,000명(누적 지급금액 1,034억 원)을 돌파할 정도로 인기를 얻고 있다.

4부
지금 바로 시작하는 초소형 부동산 투자

13장

선진국은 이미
초소형 부동산 전성시대

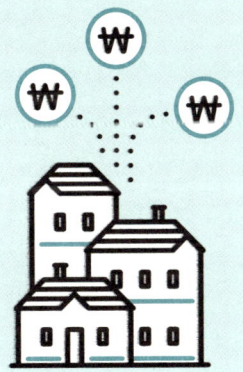

미래는 도시 경쟁력이 국가의 부강富强을 이끌 가능성이 크다. 국가가 아닌 도시 간 경쟁력의 시대가 도래하는 것이다. 도시 경쟁력은 필연적으로 정보통신기술 ICT, Information & Communication Technology 중심의 도시에서 나올 수밖에 없다. 이에 따라 세계 각국은 디지털미디어시티 건설에 경쟁적으로 나서고 있다.

디지털미디어시티는 ICT를 활용한 도시 만들기로 선택과 집중을 할 수밖에 없다. 초소형 주거 시설과 오피스, 스마트화한 공장 등을 집적하는 첨단 스마트 시티 Smart City다. 미국의 실리콘밸리가 좋은 모델이 될 수 있다. 실리콘밸리는 압축 스마트 시티로, 콤팩트 하우스와 창업 공장이 밀집한 효율 중심의 도시다. 부동산 상품으로 따지면 초소형 부동산이 밀집해 부가가치를 창출하는 곳이다.

도시재생을 통해 압축 도시를 건설, 경쟁력 확보에 나선 나라도 있다. 정보통신 선진국인 핀란드는 헬싱키의 버려진 항구 칼라사타마Kalasatama를 2010년부터 전면 개조하고 있다. 일종의 도시재생사업으로 이른바 '스마트 시티 프로젝트'로 진행 중이다. 핀란드의 스마트 시티 프로젝트는 사물인터넷IoT과 자율주행 전기차, 스마트 그리드 등 4차 산업혁명 기술을 총동원해서 초소형 부동산이 밀집한 콤팩트 도시를 만들어가고 있다.

세계 각국의 스마트 시티 열풍과 초소형 부동산

정보통신기술의 발전은 이미 각국 부동산 시장에 ICT 융·복합 바람을 몰고 왔다. 특히 각국은 도시 비대화에 따라 초소형 부동산에 ICT 융·복합을 적용, 기존 도시와 다른 도시를 선보이는 데 집중하고 있다.

스페인 바르셀로나에서 열린 '2017 스마트 시티 엑스포 월드 콩그레스(11월 14~17일)는 세계 최대 규모의 스마트 시티 행사답게 120개 국가의 700여 개 도시가 참여했다. 특히 기업 600여 개와 1만 7,000여 명의 전문가가 참석했다(출처:《디지털타임스》2017년 11월 20일~12월 5일 기사).

바르셀로나 콩그레스에서 눈길을 끈 국가와 도시 홍보관은 어디였

을까? 미국 뉴욕, 영국 런던, 프랑스 파리 같은 선진국과 그 도시들이 아니었다. 이들 도시는 스마트 시티를 적용할 수 없는 도시다. 이미 메트로폴리탄Metropolitan(하나의 대도시가 주변의 중소 도시에 영향을 미쳐 전체가 하나의 통합된 구역으로 형성)을 넘어 공룡화된 도시이기 때문이다. 이들 도시가 경쟁력을 확보하기 위해서는 부분적으로 스마트 시티를 확충해나가는 길밖에 없다.

바르셀로나 콩그레스의 주역은 중국, 인도, 중동 국가들의 스마트 시티 홍보관이었다. 이들 국가는 정보통신 기술 발전과 융·복합, 공간 혁신으로 초소형 부동산이 집적화된 '상상 이상의 도시'를 제시했다. 아랍에미리트UAE 두바이 전시관에서는 로봇이 집적화된 사막도시 두바이의 물 관리 시스템을 소개했다. 초소형 부동산이 집적한 모래 위 도시가 스마트 팜 시티로 변화는 모습도 소개했다. 두바이 시내 곳곳에 설치된 스마트 팜이 태양광으로 작동하는 모습 등을 실제 현장을 바탕으로 보여줬다.

사우디아라비아도 스마트 시티의 미래를 보여줬다. 약 565조 원을 투입해 홍해 연안에 두바이를 능가하는 스마트 시티를 짓겠다는 영상이었다. 중국은 2020년까지 1조 위안(약 165조 원)을 투입해 500개의 스마트 시티를 조성하고 있다고 소개했다. 인도는 2020년까지 150억 달러(약 17조 원)를 들여 스마트 시티 100곳을 만든다. 이들 나라들은 앞으로 불과 4~5년 후에 세계인이 놀랄 공간 혁명 도시, 최첨단 스마트 시티를 선보일 가능성이 크다.

스마트 시티는 필연적으로 초소형 부동산의 가치가 높아질 수밖에 없는 구조를 지닌다. 도시를 압축적으로 첨단화할수록 부동산은 소형화를 통해 분배, 유통될 수밖에 없기 때문이다.

미래 도시는 부동산도 집적화·미니화를 요구한다. 초소형 부동산이 대세로 자리 잡을 수 있는 이유다. 이는 택지가 절대 부족한 홍콩에서 스마트 시티화 이전에 이미 초소형 부동산이 금값이 되고 있는 것만 봐도 알 수 있다. 홍콩은 컨테이너 박스를 개조해 만든 집이나 '관 주택coffin home'이라 불리는 조그마한 공간, 튜브 하우스 등이 각광받고 있다. 수도관 튜브 하우스는 매매가 1,600만 원, 임대료 월 42만 원이나 된다(www.sedaily.com 2018년 2월 6일자 참조). 외신들에 따르면 2018년 들어 홍콩의 전용면적 20m² 안팎 초미니 아파트는 한화로 11억 원에 팔리기도 했다. 방 하나에 화장실이 있는 아파트(한국의 고시원과 비슷)의 임대 가격도 월 224만 원 수준이다.

홍콩뿐만 아니라 베이징과 도쿄, 뉴욕, 런던, 파리 등도 초소형 부동산 가격이 이미 치솟은 상태다. 이들 도시는 스마트 시티화가 진행되면서 초소형 부동산 가격이 더 오를 것으로 예상된다.

미국 도시의
초소형 주거 인기와 개발 붐

세계의 중심이 된 미국은 인구에 비해 땅이 넓다. 하지만 공간 사용은 편의를 가장 우선시한다. 미국에서는 공간의 한계를 극복하기 위해 2000년대 초반부터 뉴욕과 로스앤젤레스, 시카고 등에 미니 주거 시설이 속속 등장했다.

과거에 미니 주거 시설이 있는 곳 대부분이 슬럼 지대(빈민촌)였다면 2000년대에 들어선 미니 주거들은 공간 활용을 극대화한 중급 이상의 거주 시설이다. 뉴욕과 LA, 시카고 등에 들어간 미니 주거 시설은 비행기 화장실 같은 욕실과 작은 방, 침대, 책상 하나, 간단한 취사도구 등이 있는 초소형 부동산이다. 물론 주방과 화장실은 여러 가구가 공동으로 사용하고 주차장은 없는 곳이 대부분이다. 대부분 자동차가 없는 젊은이들이 거주한다. 이 초소형 거주 공간은 여행자 숙소 역할을 하는 호스텔과 비슷해서 '호스텔 스타일'이라고 한다.

넉넉한 공간이 아니라서 살기에는 다소 불편하지만 상대적으로 월세가 싸기 때문에 젊은 층의 인기가 꾸준해 도심의 작은 공간만 생기면 이런 호스텔 스타일의 거주 시설이 생겨나고 있다.

2010년을 전후해 시애틀에는 5층으로 지어진 초소형 아파트 미니 주거 공간이 속속 등장했다. 싼 월세가 특징으로, 각국에서 비즈니스나 학업차 온 이들에게 인기라고 한다. 이 초소형 아파트는 엘리베이터가 없다. 작은 방에 개별 샤워실, 화장실만 딸려 있고, '빌트인 가구'가 갖춰져 있다. 물론 주차장도 없다. 초미니 공간인 셈이다.

시애틀 시내 일반 아파트의 평균 월세가 2018년 3월 기준 1,300달러(약 150만 원)인 반면, 초소형 아파트 월세는 500~700달러(60만~90만 원) 수준이라고 한다. 약간의 불편을 감수하면 일반 아파트의 절반 값으로 숙소를 해결하는 셈이다.

이런 초소형 아파트는 수요가 많아 공실이 거의 없다고 한다. 이 아파트 보유자는 짭짤한 임대소득을 올리고 있는 것이다. 시애틀뿐만 아니라 미국 주요 대도시 도심 대부분에 이런 호스텔 스타일의 초소형 아파트가 늘어나고 있다.

미국은 2000년대 이후 초소형 주택인 '타이니 홈Tiny home[대략 10~36m²(3~11평) 면적의 언제나 이동 가능한 집]'이 늘어나고 있다(www.sedaily.com 2018년 2월 6일자 참조). 이를 전문적으로 건축, 판매하는 업체만도 300여 사나 된다고 한다. 타이니 홈은 5만 달러(약 5,500만 원) 수준에서 신축이 가능한데, 2017년 한 해에만 5천여 채가 팔렸다고 한다.

《뉴욕타임스》에 따르면 2015년 뉴욕에는 성냥갑 같은 조립주택을 차곡차곡 쌓아올려서 짓는 '초미니 아파트'가 등장했다(《국민일보》 2015년 2월 25일자). 맨해튼 남부에 있는 '마이 마이크로 NY' 아파트는 미리 조립한 23~33m²(7~10평)짜리 조립주택 55개를 쌓아올리는 방식으로 지었다고 한다.

초소형 부동산이
대세인 일본

초소형 주거 시설은 그 어떤 나라보다 일본이 앞서간다. 섬나라 특성상 모든 부분에 집중 현상이 나타나는데, 이에 따라 주거 시설에서도 한발 앞서 미니화가 진행됐다.

일본은 사실 에도 시대(1603~1868년) 초기부터 집단 거주(모여 살기)가 광범위하게 퍼지면서 주거 시설의 밀집화·소형화가 진행됐다. 일본 역사 드라마 등을 보면 소형 주택이 밀집한 오사카나 교토 등의 모습을 쉽게 볼 수 있다.

일본에서 현대식 초소형 주거 시설 붐이 일어난 것은 1964년 도쿄 올림픽 전후였다. 다른 나라는 초소형 주거 시설이 아직 슬럼 지대에나 형성될 때 일본에서는 주거 계획에 따라 체계적으로 등장한 것이다. 거침없는 경제 성장이 도쿄나 오사카 등 대도시나 거점 도시로의 인구 집중을 부르면서 초소형 부동산이 대세로 자리 잡은 것이 원인이다. 경제 활황이 장기간 지속되면서 부동산 가격이 너무 오른 것도 부동산 상품의 미니화를 부추겼다.

도쿄 같은 대도시에는 아예 '세컨드 홈' 개념의 고층 초소형 아파트가 1970년대 초에 등장했다. 또 도쿄 주택가에 45m² 대지에 지어진 33m²의 초미니 건물도 등장했다.

2000년대에 들어 일본 부동산 시장은 침체의 돌파구를 초소형 부동산에서 찾았다고 해도 과언이 아니다. 침체에서 벗어나기 위해 초소형 집 등을 만들어 파는 회사가 속속 등장했다. 일본에 본사를 둔 글로벌 생활용품 업체인 '무인양품'이 판매하는 생활용품만 봐도 초소형 부동산이 '내세'임을 극명하게 보여주고 있다. 도쿄 신주쿠에 있는 무인양품 매장에는 초소형 부동산에 필요한 거의 모든 생필품이 판매되고 있다. 각종 생활 소품을 비롯해 침대 같은 가구와 벽면 장식장 등도 초소형 주택에 알맞게 제작되었다.

일본은 2016년 초소형 집 신축 건수가 8만 3,000여 건에 달했다고 한다. 주택 시장이 안정된 일본임을 감안할 때 예상 외로 주택 신축 건수가 많다. 작지만 나만의 공간에 대한 수요가 급격히 늘면서 생긴 현상이라는 분석이다.

초소형 부동산이 인기를 끌면서 건축용품을 사다가 조립해 짓는 '레디-메이드 하우스'도 인기다. 초미니 하우스 등을 짓거나 소형 아파트, 소형 주택을 리모델링하는 이들이 크게 늘어난 까닭이다. 초고령사회로 접어들면서 1~2인 가구가 보편화한 일본은 모듈러 미니 아파트 같은 초소형 주택에 이미 1,000만 가구가 살고 있다.

유럽의 주거난,
초소형 부동산에서 해법을 찾다

유럽 대도시의 주거난은 생각보다 심각하다. 1990년대 이후 아프리카와 동유럽, 아시아인들이 유럽 도시 도심으로 몰려들면서 주거난이 열악해지고 심각해졌다. 이 때문에 초미니 주택 등 초소형 주거 시설 건설 붐이 일고 있다.

특히 2010년 이후에는 비싼 땅값을 피해 절벽이나 물 위水上에 집을 짓자는 아이디어가 현실화되고 있다. 영국 런던에서는 템스 강에 수상 주택이 등장했다. 이른바 주거 보트다. 템스 강에 보트를 띄워 놓고 거주하는 것이다. 최소 3만 명가량이 이 수상 가옥에서 생활하고 있다고 한다.

스웨덴 스톡홀름에서는 절벽집이 지어지고 있다. 스웨덴 건축 설계 집단인 마노팍토리Manofactory는 '새둥지'라는 뜻을 가진 네스틴박스Nestinbox란 집을 구상하고 있다. 절벽을 활용한 50m²(약 15평) 크기의 목재 집으로, 동물들의 집에서 아이디어를 얻었다고 한다. 덴마크 코펜하겐이나 네덜란드 암스테르담 등에서도 수상 가옥이 낯설지 않다.

한국주거학회 사례 조사에 따르면 독일 뮌헨대학교 연구팀과 영국의 건축 회사인 호든 체리 사는 '마이크로 콤팩트 홈'을 공동 개발했다. 이 집은 일반 자동차를 이용해서 손쉽게 옮길 수 있는 것은 물론이고 침실, 주방, 사무 공간까지 갖추고 있다고 한다. 주택난을 겪는 영국 런던에서 이미 실물이 나왔는데, 3만 파운드(약 5,400만 원)에 거래된다고 한다.

14장

초소형 부동산 투자의 적지를 찾아서

인간의 편리함을 담아내는 도시는 점점 집적화로 가고 있다. 부동산 투자 입장에서 보면 선택과 집중을 통한 초소형 부동산 도시가 되고 있는 것이다. 하지만 집적화된 도시, 집적화된 마을일수록 투자 물건의 입지다.

특히 소형 부동산일수록 입지가 중요하다. 입지 조건이 안 좋은 부동산은 애물단지 취급을 받는다. 부동산이 어디에 있느냐에 따라 가격이 천차만별로 달라지기 때문이다. 그래서 부동산을 살 때는 가장 먼저 입지 조건을 살펴야 한다.

소형 부동산은 주변 건물 사이에서 차별화를 통해 수익 창출도 해야 한다. 재개발에 나서더라도 신규 건축이 사실상 어려운 주변과 필지 합병 등을 통해서 복합 개발을 해야 한다. 입지가 최우선일 수밖에 없는 이유다.

모든 부동산의 수익률을 최대한 확보하기 위해서는 직접 투자가 가장 좋은 방법이다. 본인이 직접 투자하기 때문에 잘만 선택하면 수수료를 최소화할 수 있으며 계약 등도 빨리 이루어지고 수익률도 높기 때문이다.

초소형 부동산 투자는 곧 '적지適地' 확보다. 종잣돈과 대출 등을 따져서 무리 없는 자금으로 좋은 땅을 찾는 것이 최고의 투자인 것이다.

투자 적지를
찾기 힘든 서울

서울은 강서구 마곡지구 개발을 끝으로 남아 있는 땅이 없다. 따라서 새로운 개발지를 확보하기 위해서는 도시정비(재개발·재건축)사업을 진행해야 한다. 서울시가 도시재생에 적극 나설 수밖에 없는 이유다.

　부동산 투자자 입장에서도 서울은 어지간한 돈을 갖고 있지 않으면 투자처를 찾지 못하는 곳이다. 초소형 부동산을 개발하고 투자할 곳도 의외로 없다. 개발할 땅이 없어진 서울은 땅값이 오를 대로 올라서 교통이 불편하고 목이 안 좋은 곳이라도 예상보다 비싸다. 적당한 땅이라도 3.3㎡당 5,000만 원씩 주고 사야 한다. 이래서는 수익을 내기가 쉽지 않다.

　하지만 서울에서도 옥석 고르기를 할 만한 곳이 의외로 있다. 도시정비사업이 비켜간 곳이나 도시재생 사업지 주변 중에서 가로주택 정비사업 지구 옆이다. 또 아직 도시정비사업이 진행되지 않은 대학 주변도 투자 적격지다. 이런 지역에 있는 자투리땅이나 미니 건물 등은 투자 대상으로서 괜찮은 아이템이다. 셰어하우스 등을 지어 대학생 고객에게 임대하면 높은 수익을 올릴 수 있다.

서울 도심으로 깊숙이 들어오면 투자처는 없다. 종로 중구와 서대문구, 마포구, 성동구, 광진구 등은 모두 재개발 또는 재건축이 진행되고 있다. 종로구 북촌·서촌 등 숨어 있는 주택도 3.3m^2당 1억을 넘는 곳이 많다. 옛 공장 지대였던 성동구 성수동도 서울에서 가장 주목받는 '핫 플레이스'가 됐다. 성수동은 부동산 투자자들에게 건너편 부동산을 볼 줄 아는 혜안이 필요하다는 점을 인식시킨 곳이다. 성수동은 한강 주변에 남은 마지막 '불패 부동산'이라고 할 수 있다.

서울에서는 아직 개발이 덜 진행되고 있는 도심과 외곽 사이를 주목해야 한다. 중랑구, 은평구, 관악구, 마포구, 강서구 등이다. 이런 지역에 있는 소형 주택이나 빌라 등은 아직 덜 올랐고 개발 여지가 남아 있어 수익률을 확보할 수 있다. 이런 곳은 반드시 역세권(도보 10분 이내)에 있는 낡은 건물을 확보하는 것이 좋다.

신흥 개발지에 이미 지어진 오피스텔이나 미니상가 등을 투자 대상으로 한다면 마포구 상암동 일대와 강서구 마곡 주변을 눈여겨보아야 한다. 이들 두 곳은 미래 서울의 황금시대를 다시 이끌 축이기 때문이다. 두 곳은 한강을 사이에 두고 마주 보면서 4차 산업을 포함한

첨단산업 업종이 속속 들어서고 있다. 마곡과 상암은 김포공항과 공항고속터미널, 서울-문산 간 고속도로, 서부광역철도, 대곡-소사 복선 전철, 김포도시철도 등이 지하철 5호선, 9호선, 3호선 등과 연결된다. 사통팔달의 교통과 물류 인프라를 이미 확충한 이 두 곳은 서울의 미래라고 해도 과언이 아니다.

수도권은 틈새 지역
초소형 물건을 공략하라

수도권 부동산은 수요가 많아 언제든 현금화할 수 있는 블루칩이자 베스트셀러라고 볼 수 있다. 특히 수도권 토지는 수많은 규제로 얽혀 있지만 1개라도 풀리면 가격이 단기간에 상상보다 훨씬 많이 오른다는 특성이 있다. 수도권 주택과 땅값은 대부분 올랐지만 발품을 팔며 찾다보면 아직도 쓸 만한 곳이 남아 있다.

2018년 5월의 남북 관계 급변으로 물건이 없어 못 파는 군사분계선 접경 지역인 경기 파주와 연천, 포천을 비롯해 상대적인 개발 소외지였던 이천과 여주, 가평 등은 앞으로도 상승 여력이 풍부한 곳이다. 이들 지역은 아직도 다른 수도권 도시에 비하면 가격이 약세다. 리스크가 큰 대형 부동산보다 이런 지역의 초소형 부동산을 공략해두면 앞으로 쏠쏠한 재미를 볼 수 있는 곳이다.

남북 해빙이 구체화되면서 서해 바다가 남북 공동어로수역으로 정해진다면 강화군도 각광받을 지역이다. 특히 서울이나 인천 시민들의 세컨드 홈, 미니 별장 지역으로 급격히 부각될 수 있다. 330m^2 내외의 소형 토지나 그 이하의 자투리땅을 사두면 앞으로 요긴하게 쓰일 수 있다.

김포나 고양, 화성, 파주시 등은 수도권 개발의 중심 역할을 이어갈 곳으로서, 앞으로 더 오를 만한 곳이다. 김포에는 112만 1,000m^2 부지에 영상 산업 중심 문화·콘텐츠 산업 기지인 김포한강시네폴리스가 들어서고, 고양시에는 80만m^2에 IT, 방송, 인공지능AI, 가상현실 VR 등 4차 산업이 들어선다. 일산테크노밸리에는 4차 산업 관련 업체 1,900여 개가 입주한다. 이들 지역의 틈새 지역 소형 부동산을 선점하면 대박의 기회를 잡을 가능성이 있다.

수도권 초소형 부동산을 공략하기 위해서는 전철 노선 변화도 주목해야 한다. 2020년까지 수도권에는 철도만 10여 개 노선이 생기거나 연장된다. 부동산 시장 입장에서 드러난 호재이지만 주변 지역 토지나 아파트는 실제 완공, 개통됐을 때 다시 기지개를 켤 수 있다.

신설 철도 노선 중에서는 소사~원시선을 자세히 볼 필요가 있다. 장기적으로 경기도 고양시 덕양구 대장동 대곡역과 연결되면서 파주에서 김포공항(마곡지구)과 부천, 안산, 시흥, 화성, 평택을 잇는 중추 철도가 될 가능성이 높기 때문이다.

수도권 토지는 언제든 오른다. 다른 지역과 달리 토지 보상금이 천문학적이기 때문이다. 토지 보상금을 받은 지주들이 하는 일은 다시 땅을 사는 것이다. 이들 지주들은 땅의 효용성을 누구보다 잘 알고 있다. 그래서 땅을 수용당한 지주들은 다른 지역에서 또다시 땅을 구입한다. 토지 보상금이 수도권 토지 가격을 올리는 촉매제 역할을 하는 것이다.

2017년 수도권 토지 보상금은 모두 4조 6,000억 원에 이른다. 이 보상금 중 상당액이 다시 토지 매수로 이어졌다. 2018년에는 전국의 산업단지와 공동주택지구, 경제자유구역, 역세권 개발사업 등 총 92개 지구에서 약 14조 9,200억 원의 보상이 집행된다. 수도권은 36개 지구, 8조 8,334억 원 규모다. 이들 보상금이 토지시장에 유입되기 전에 자두리땅 등을 매입하는 것도 부동산 재테크 방법이 될 것이다.

전철이 닿는
수도권 너머를 선점해라

부동산 시장에서 가장 중요한 것은 다시 강조하지만 선점先占이다. 부동산에서 선점만큼 중요한 것이 없다. 그래서 투자의 미래를 예측하는 이들은 대도시보다 미개발 지역에 한발 앞선 투자를 하는 특징이 있다.

흔히 소액 투자자는 개발 가능성을 집중적으로 따진다. 개발의 부스러기를 건지기 위해서다. 하지만 개발지 주변을 투자하려다 낭패를 보는 이들도 적지 않다.

소형 부동산을 살 수 있는 돈이 있다면 미개발지를 주목해야 한다. 관심을 가진 이들이 적을 때 해당 땅을 일부라도 차지해두는 것이다. 10억을 투자한 강남 아파트가 5년 동안 30% 올랐을 때의 수익과 같은 돈으로 충청도의 땅을 여러 군데 사서 5년 후의 수익률을 따져보면 차이가 크다는 점에 주목해야 한다.

자투리땅이라도 토지 투자에 관심을 가진다면 전철이 닿는 수도권 너머를 주목해야 한다. 현재 서울 남쪽은 충남 아산시 신창까지 전철이 연결돼 있다. 전철이 닿은 아산시는 이미 땅값이 오를 대로 올랐다. 농업진흥구역 농지를 제외한 개발 대상 토지는 3.3m²당 30만 원을 호가한다. 택지는 100만 원을 넘은 지 오래다. 아산에서 2억 원 이내로 넓고 좋은 토지를 구하기는 쉽지 않다는 것이 현지 중개업소들의 이야기다.

이에 따라 전철 종점 너머의 땅 중에서 미래에 전철이 들어갈 가능성이 높은 땅에 주목할 필요가 있다. 이런 곳이 바로 당진과 예산, 서산이다. 500만~1억 원으로도 상대적으로 좋은 토지를 매입할 수 있는 곳이다.

당진은 30여 년 전 개발 호재로 서해안의 주요 투자처로 부상했었다. 지금은 바닷가 쪽 대부분이 산업벨트로 성장했다. 하지만 당진 남쪽 정미면 등 서산과 예산 접경지는 여전히 미개발지로 남아 있다.

서산도 대산산업단지와 서산테크노밸리 등으로 각광받은 지역이다. 서산시는 별장이나 휴양 타운으로도 인기가 높아 팔봉면 등은 2000년대에 들어 부자들의 휴양 주택이 대거 들어서기도 했다. 다만 지곡면 등은 바닷가와 인접해 있으나 아직 미개발지로 남아 있다. 철탑 등을 피한 지역 토지를 눈여겨볼 필요가 있다.

예산은 충남에서도 개발 사각지대다. 워낙 산세가 있어 넓게 개발할 땅이 없는 만큼 잘 보존돼 있다. 앞으로 농촌형 시티 개발이나 은퇴자촌으로 각광받을 가능성이 높다. 한편 충남도는 보령, 태안, 서산, 서천 등을 중심으로 2030년까지 8,000억여 원 규모의 서해안 종합 관광벨트를 구축하기로 했으므로 이들 지역의 변화를 주시할 필요가 있다.

충북 음성은 이미 수도권과 사통팔달의 도로로 연결되어 있으며, 화성시 동탄—안성—충북 진천—오창—청주공항을 연결하는 전철도 장기적으로 추진되고 있다. 이들 지역 주변 소규모 땅을 중점적으로 살펴볼 필요가 있다.

음성과 진천은 사실상 수도권이다. 예상보다 가깝지만 단지 아직 전철이 없어서 수도권에서 멀다고 느끼는 곳이다. 이들 지역은 강남까지 한 시간이면 닿을 수 있는 지리적 이점이 있지만 토지나 주택이 의외로 저평가됐다. 앞으로 텃밭이 있는 도시형 농촌주택이 대거 들어설 가능성이 높은 지역이다. 초소형 부동산 투자자 입장에서는 발품을 팔아 탐색한 후 읍내 등의 자투리땅을 사두는 것도 재테크에 도움이 될 것이다.

초소형 부동산,
중소도시서 금맥 캐라

정부가 추진하는 도시재생사업은 중소도시가 가장 쉽게 접근이 가능하다. 대도시에 비해 많은 예산을 투입하지 않고도 효율적인 도시 재생을 할 수 있기 때문이다. 테마가 있는 도시재생을 거치면 중소도시는 분명 달라진다. 이들 지역 초소형 토지나 소형 주택 등은 상대적으로 큰 목돈을 안 들이고 살 수 있다.

물론 중소도시 초소형 부동산 투자 시에는 반드시 미래를 생각해야 한다. 늙어가는 도시, 인구가 줄어드는 도시가 아니라 역사가 있거나 생태, 휴양(놀 거리) 시설이 있는 곳, 혁신도시가 들어온 곳 등을 선택해야 한다. 한마디로 테마가 있어야 도시의 지속 가능한 성장이 가능하기 때문이다.

충남 공주와 부여는 역사가 있는 도시다. 백제의 수도로서 옛 영화과 유적지를 간직하고 있다. 덤으로 인근에 '권력 엘리트의 도시' 세종시가 있다. 두 도시는 인접한 세종시로 인해 새롭게 도약할 가능성이 높다. 공주와 부여 땅값은 이미 올랐다. 세종시가 형성되면서 천문학적인 토지 보상금이 주변 지역인 공주와 부여 땅값을 끌어올린 것이다. 하지만 아직도 잠재력은 무궁무진하다. 세종시의 팽창은 이들 두 도시의 미래를 더 밝게 한다. 은퇴자가 살기에도 안성맞춤인 도시라 소형 부동산 투자자 입장에서는 5년을 기한으로 투자해볼 만한 곳이다.

혁신도시 중에서는 광주광역시라는 대도시를 옆에 두고 있는 전남혁신도시 나주가 성장 가능성이 높은 곳으로 꼽히고 있다. 도청 이전 도시 중에서는 홍성이 뜰 가능성이 높다.

4차 산업혁명 시대에는 일자리(직장)와 놀자리(관광), 잠자리(숙박시설)가 융·복합된 도시가 경쟁력을 가질 수밖에 없다. 그동안 도시 부동산은 일자리와 잠자리, 즉 직주근접 부동산이 가격도 높고 대세를 이뤘지만 4차 산업혁명 시대는 이들 3가지가 결합돼야 한다. 건강하게 즐기며 치유(힐링)하는 관광 시대를 부동산 시장과 연관시키면 더 나은 기대이익을 누릴 수 있다. 부동산 시장에서 이런 도시는 강원 춘천과 강릉, 속초, 원주, 전북 전주, 전남 순천, 여수, 경남 통영과 진주 등이다.

이 중에서 춘천시는 이미 수도권 도시가 됐지만 레고랜드, 테마파크, 소양호 수열 에너지를 활용한 데이터센터 등을 통해 놀이산업도시로, 원주는 건강산업도시로 성장할 가능성이 높다. 의료특화도시인 원주는 기업도시와 더불어 '디지털 헬스케어 국가산업단지'와 함께 최대 의료산업 클러스터가 될 것이다. 전북 전주시는 영화산업도시로, 전남 순천은 정원도시로, 여수는 바다 놀 거리 도시 등으로 이미 주목을 받고 있다.

항구도시의
초소형 부동산을 잡아라

 거의 모든 도시는 바다를 끼고 있어야 대도시로 성장한다. 메디치가의 활약으로 중세 시대에 빛난 피렌체가 끝내 도시 경쟁에서 도태된 이유는 항구가 없었기 때문이라는 분석도 있다. 실제 항구가 없는 도시는 부의 축적 과정에서 낙오될 수밖에 없다.

 항구 없는 도시는 물류와 휴양, 놀 거리에서 경쟁력이 떨어진다. 부동산 시장에서 현재와 미래 모두 바닷가 부동산이 대세가 되고 있는 이유다.

 우리나라는 2018년 현재 1인당 국민소득이 아직 3만 달러(약 3,211만 원)에 머물고 있다. 하지만 한반도 지정학적 리스크가 사라지면 앞으로 5년 안에 3만 5,000달러를 달성할 가능성이 크다. 그 시대에는 광범위한 가족 휴양지와 놀 자리 부동산이 필요하다. 그곳은 바닷가가 될 수밖에 없다. 바다는 무한의 관광 보고이기 때문이다.

항구도시 중 강원 강릉과 속초는 이미 뜬 상태다. 경강선, 제2영동 고속도로, 서울―양양 간 고속도로 등의 개통으로 동해안은 성큼 다가왔다. 서울 강남에서 한 시간 반이면 강릉에 갈 수 있어 범수도권화가 됐다. 속초는 지금도 그렇고 앞으로도 '핫'한 지역이다.

강릉과 속초는 땅값이 이미 오를 만큼 올랐다. 소액 투자자에게는 쉽게 접근할 수 없을 만큼 땅값이 상승했다. 하지만 앞으로 한 번 더 부상할 기회를 맞고 있다. 급진전하고 있는 남북관계가 속초 일대 부동산 상승에 촉매제 역할을 할 것으로 보인다. 금강산 관광과 북한 원산항이 개방된다면 속초와 강릉 일대는 편리한 교통과 천혜의 자연 환경이 국내외 투자자를 부를 가능성이 크다.

남부 항구도시는 아직 땅값이 덜 오른 상태다. 그동안 부동산 시장을 흔들 뚜렷한 호재도 없었다. 종잣돈이 적은 부동산 투자자에게는 오히려 기회인 셈이다. 이제라도 배산임해의 남부 도시를 주목해야 한다. 영남권의 부산과 그 주변권 도시는 이미 땅값이 너무 올라 투자 메리트가 낮다. 통영, 사천, 남해를 주목해야 한다.

전남에서는 여수와 순천, 고흥, 장흥, 보성, 무안 일대다. 다만 전북 임해권의 군산시와 부안, 고창군은 새만금 사업으로 이미 외지 투자금이 너무 많이 들어와 있다.

15장

투자 골든타임에 나타나는 네 가지 전조

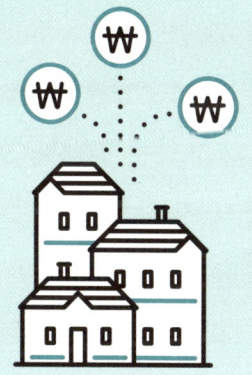

모든 투자는 때와 물건(주식이나 땅, 주택, 각종 금융 상품 등)을 잘 만나야 한다. 특히 부동산은 투자에 알맞은 땅에 투자 시기를 제대로 맞추는 자만이 대박의 맛이라도 볼 수 있다. 아무리 풍부한 자금력과 지혜를 가지고 있어도 투자 시기를 잘못 맞추면 낭패를 볼 수밖에 없다.

특히 골든타임(거품 붕괴 후 침체 기간)에 투자했다가도 계약과 잔금 문제, 인허가 문제 등이 얽혀 늦어지면 수익률은 그만큼 떨어진다. 투자의 결과물은 '때'에 있고 그것을 맞추는 자의 몫이다.

모든 투자에는 최대 수익률을 낼 수 있는 정답이 없다. 시장은 수시로 변하고 수요공급이 일치하지 않기에 정답이 있을 수 없는 것이다. 특히 건설 기간이 따로 필요 없는 토지를 제외한 나머지 부동산 투자는 더욱 그렇다.

부동산 시장에서 '투자 골든타임'을 맞추기는 불가능하다. 주식 시장과 달리 거품 붕괴 기간이 의외로 길고 침체도 오래 지속되기 때문이다. 그러나 투자의 골든타임을 예보하는 각종 조짐은 많다. 그것을 투자자 나름대로 해석하고 활용하느냐에 따라 수익률 승패가 갈린다.

다음은 일반 투자자 누구나 조금만 관심을 기울이면 알 수 있는, '골든타임으로 가는 길에 나타나는 조짐'이다. 이런 조짐을 투자 골든타임으로 정해 활용하는 전문 투자자들도 많다. 모든 시장은 '끝물'이 더 달콤하다. 아직도 청약 경쟁률이 높고, 분양 가구 수가 줄지 않고 있는 것은 그 달콤함을 누리기 위해서다. 하지만 그런 달콤한 시간은 오래 가지 못한다.

대부분의 투자자가 부동산에 열광할 때

우리 속담에 '친구 따라 강남 간다'는 말이 있다. 좋은 일이 있거나 스스로 결정하지 못할 때 친구의 뜻에 호응해 함께한다는 의미. 하지만 부동산 시장에서만큼은 이 말을 지지(?)하면 안 된다. 친구도 청약하고 선생님도 청약하는 등 너도나도 부동산에 매달릴 때 거품이 형성된다. 그래서 부동산은 '친구 따라' 혹은 '전문가 따라' 열풍에 동참하면 낭패를 볼 가능성이 크다.

부동산 시장 열풍은 본보기집(모델하우스) 인파에서 시작한다. 이어 높은 청약률과 계약률에서 '부동산 열풍(호황)'이 잘 드러난다. 이 3개 조건이 맞아 떨어지는 일이 잦을 때가 정점이라고 보면 된다. 정점이 얼마나 지속하느냐에 따라 호황 기간은 달라지지만 그 끝은 모

2018년 1~4월 아파트 청약 경쟁률

	수도권	지방
2018(1월~4월)	8.68 대 1	9.08 대 1
2017(1월~4월)	17.04 대 1	13.57 대 1

자료: 금융결제원

두 거품이 터지는 시기다.

부동산은 누구나 열광할 때 투자 수익률이 낮다. 다른 투자와 마찬가지로 열풍이 불 때 분양 가격 등이 높아지듯이 가격 자체가 올라 있다. 건설사와 시행사, 청약자 등 열광하는 모든 이들이 수익률을 나눠야 하기 때문이다. 부동산 시장은 열풍이 불 때, 누군가가 '친구 따라 강남 갈 때'가 정점이다. 이런 정점의 시간이 지나면 거품이 터지는 시기가 온다. 투자 골든타임이 오는 것이다.

부동산 시장은 2014~2017년까지 분양 가구 수, 청약 경쟁률, 계약률 등이 고공 행진했다. 2018년에는 서울과 지방, 양극화가 발생하고 있지만 고공 행진하기는 마찬가지다. 금융결제원에 따르면 2018년 1~4월 수도권 주택 청약 경쟁률은 8.88 대 1을 기록했다. 평균 청약 경쟁률은 2017년과 큰 차이가 없지만 2018년에는 '될 곳만 된다'는 뜻이다. 서울은 최소 수백 대 일을 기록했지만 수도권 외곽은 미분양 주택이 나오고 있는 것이 현실이다.

이는 바로 시장의 끝물이 다가왔다는 뜻이다. 현명한 투자자는 부동산 수요자 대부분이 열광할 때 거품 후의 투자를 준비한다.

정부 부동산 규제가 정점일 때

2018년 5월 기준으로 부동산 시장은 역대 어느 때보다 강력한 규제가 시행 중이다. 분양권 양도 금지, 조합원 지위 양도 제한, 재당첨 금지 기간 확대, 주택담보대출 축소 등 최강의 규제가 시행되고 있다. 이런 가운데 3월 말에는 총체적부채상환비율DSR(신규 및 기존 대출의 연간 원리금 상환액을 연간 소득으로 나눈 값)이 시행에 들어갔다. 다주택자 양도소득세 중과도 4월에 시행됐다. 여기에 2018년 공시지가도 10% 이상 올라 재산세도 그만큼 더 내야 한다.

이 중에서 양도세 중과는 특히 치명적이다. 4월 이후 다주택자가 주택을 한 채라도 팔 경우 차익의 최대 60%를 세금으로 내야 한다. 예를 들어 다주택자가 아파트를 팔아서 3억 원의 시세차익을 얻으면

1억 8,000만 원의 세금을 낸다는 의미다.

정부는 보유세 강화도 만지작거리고 있다. 2018년 5월 2일 김동연 부총리 겸 기획재정부 장관은 2일 보유세 개편 방안을 마련 중이라고 밝혔다. 6월 지방선거 이후 보유세가 오르면 고가 주택 소유자는 세금이 오른 만큼 늘어난다.

보유세 강화 카드는 주택 시장 관련 규제가 수차례 발표된 이후 시장에 충격을 줄 만한 사실상 마지막 대책이다. 어쩌면 보유세 강화 카드밖에 남아 있지 않은 실정이다.

정부 규제가 정점인 2018년 상반기가 부동산 시장의 정점일 가능성이 크다. 실제 부동산 시장은 이런 분위기를 반영하고 있다. 통계와 지표로는 뚜렷하게 나오지 않지만 주택 시장은 초강력 규제로 음울한 분위기다. 실제 2018년 4월 서울 아파트 거래량은 6,200여 건에

서울 아파트 매매 거래량 추이

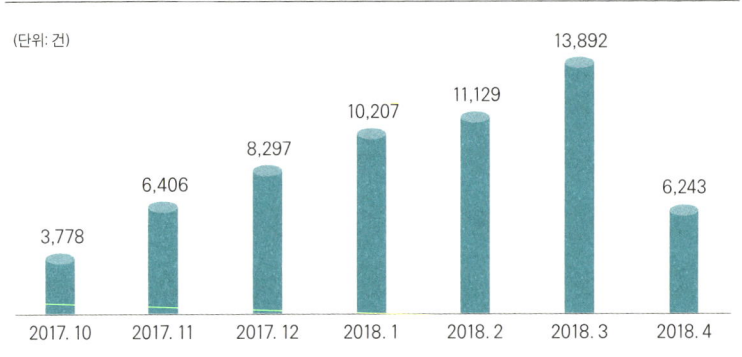

자료: 서울부동산정보광장

불과, 3월에 비해 반토막이 났었다.

  2018년 상반기는 정부가 내놓을 만한 대책이 다 나오면서 '규제 폭설'이 부동산 시장을 덮고 있는 상태다. 전문가들은 부동산 시장이 '규제의 꼭지점'에 와 있다고 진단한다. 앞으로 남은 강력한 규제, 즉 보유세 강화라는 칼이 나오고 여기에 금리 인상까지 실행되면 부동산 시장은 겨울로 접어들 수 있다.

03
부동산 세금이
가장 많을 때

경기가 좋을수록 세금은 많이 걷힌다. 시장이 호황이라 당연히 세금 종류도 많아진다. 부동산 시장도 호황일수록 세금이 늘어난다. 2018년 4월 기준 주택 시장은 다주택자 양도소득세 중과 시행 외에는 아직 세금 폭탄을 맞지 않았다. 세금이 오르지 않은 상태인 것이다.

하지만 부동산 경기가 정점으로 치닫기 시작하면 공시지가 등이 올라 정부가 과세 표준을 올리지 않아도 부동산 보유자의 세금이 많아진다. 정부 입장에서는 이렇다 할 조세 저항을 받지 않고 세수를 늘릴 수 있는 것이다. 보통 전반기 공시지가가 오른 상태의 재산세 등의 고지서가 나오면 세금이 올랐다는 것을 알게 된다. 공시지가는 국토교통부 장관이 조사·평가하여 공시한 표준지의 단위면적(m^2)당

2018년 전국 주요 지역 공시지가 증감률(전년 대비)

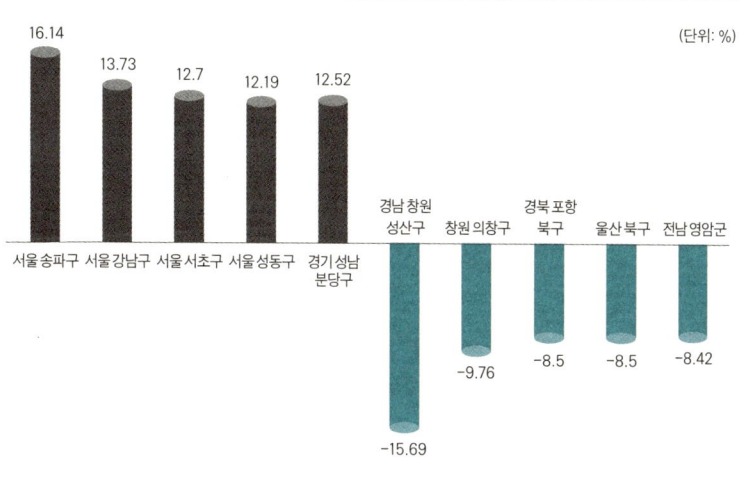

자료: 국토교통부

가격을 말한다.

2018년 적용되는 공시지가를 보면 서울(10.19%)과 세종(7.50%)이 크게 올랐다. 공동주택 공시 가격이 전국 평균 5.02% 상승한 것과 비교하면 두 지역만 많이 올랐다는 것을 알 수 있다.

2018년 공시지가도 대폭 오른 상황이라 서울과 일부 지역은 전년 대비 급증한 재산세 고지서를 받을 것이다. 하지만 이것은 세금 폭탄의 시작일 뿐이다. 공시지가가 올랐으니 종합부동산세도 많이 낼 가능성이 크다. 앞으로 보유세 강화가 이뤄진다면 부동산 세금은 대폭 늘어날 것이고 시장은 침체 국면에 곧바로 진입할 가능성이 높다.

04
기준금리가
2~3회 인상된 후

부동산 투자업계는 최근 몇 년간 서울 집값을 급등시킨 것은 갭 투자(전세를 끼고 대출을 받아 집을 사는 것)의 등장이라고 보는 견해가 많다. 정부도 서울 집값 급상승의 원인 가운데 하나로 갭 투자를 보고 있다. 갭 투자는 저금리를 활용해 부동산을 사두는 방법이다. 이자가 싼 만큼 부동산 가격이 오르면 짭짤한 수익을 낼 수 있는 것이 갭 투자다.

이처럼 부동산 시장에 직접적인 영향을 치는 것이 금리다. 저금리가 지속될수록 시중 자금 유동성은 풍부해지고 돈은 부동산으로 몰린다. 집값이 오르는 데 일조를 하는 것이다. 실제 우리나라는 지난 5년여 동안 저금리가 이어지면서 주택 가격도 급등했다.

하지만 금리는 쉽게 올리지 못하는 특성을 지니고 있다. 금리를 올리면 실물 경기에 직접적인 영향을 미치기 때문이다. 굳이 금리를 올릴 때는 경제 기초체력Fundamental(국가나 기업의 경제 상태를 가늠할 수 있는 기초 경제 여건)이 좋을 때가 많다.

정부는 지난 5년 동안 금리를 1회 인상(2017년 11월 30일)했다. 이는 부동산 시장이 예상보다 더 오른 상황(2017년 기준)에서 보았을 때 문자 그대로 '찔끔' 인상한 수준이다. 2018년 들어서도 한국은행은 아직까지 금리를 인상하지 않았다. 특히 미국이 지난 3월 금리를 0.25%포인트 인상하면서 한국과 미국의 금리가 역전됐으나 추가로 금리 인상을 하지는 않고 있다.

하지만 한미 금리가 역전되자 시중 은행과 제2, 3금융기관 금리는 올랐다. 실제 시중 은행 주택담보대출 금리는 5%에 육박하고 있다. 2018년 4월 말 기준 국민은행이 3.47~4.67%, 신한은행이 3.08~4.43%로, 우리은행이 3.18~4.18%, 농협은행이 2.91%~4.53%에 이르고 있다.

한국은행은 2018년 4월에는 금리를 동결했지만 언제 인상할지 알 수 없다. 앞으로 금리 인상 가능성을 열어두고 있기 때문이다. 한국과 미국 기준금리가 역전돼 있는 것도 찜찜한 상황이다.

부동산 시장은 금리가 2회 이상 오른 이후 '어느 때'가 정점일 가능성이 크다. 3회째 오를 때는 정점에서 내리막길을 타는 순간이 될 가능성이 있다. 금리가 3회째 오르기 직전이 투자 골든타임의 시작이 될 수 있는 것이다.

16장

앞으로 뜰 초소형 부동산 상품

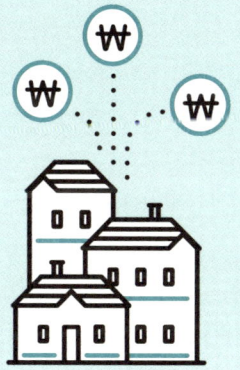

대도시는 정보기술IT의 발달과 디지털화가 공간 혁명을 부르고 초소형 부동산 시대를 앞당긴다. 공간 혁명이 도심 초소형 부동산 수요를 늘리는 것이다. 도시는 이른바 콤팩트 하우스(고급 주택의 요소를 갖춘 현대적인 감각의 미니주택이나 아파트)가 대세를 이룰 가능성이 크다.

도시의 초소형 주거 시설에 대한 수요 증가는 곧 도시 밖 전원이 각광받는 시대를 의미한다. 일주일에 4~5일 도시에서 집중 근무를 하고 나머지 시간은 삶의 질을 즐기는 것이다. 이에 따라 도시 밖 초소형 부동산 수요가 증가하면서 가격이 오를 수밖에 없다. 도시와 전원의 삶이 어우러진 에코라이프를 꿈꾸기 때문이다.

누구나 녹색 전원에서 휴식을 꿈꾼다. 다만 자금이 없어 실행을 못한다. 하지만 도시 생활은 생필품 등 경상경비 지출이 많아지면서 주거비가 예상보다 많이 든다. 이를 극복하는 대안이 푸성귀 등 기본 식료품을 텃밭에서 해결하는 전원의 미니주택이다.

앞으로 국민소득이 3만 5,000달러를 넘어가면 도시와 가까운 농촌의 미니주택이나 이용료만 내면 되는 데마 풀빌라, 미니 별장, 텃밭만 가꾸는 땅 등 초소형 부동산이 각광받을 수밖에 없다. 또 미세먼지 등이 최소화된 그린존Green Zone 하우스가 인기를 얻을 것이다.

에코라이프가 가능한
수도권 주변 자투리땅

미래는 에코라이프 시대다. 어쩌면 부동산만큼은 미래가 아니라 바로 지금이 에코라이프 시대의 시작이다. 부동산은 오래된 미래이기 때문이다. 초소형 부동산 투자는 지금 도시 밖으로 나가야 한다.

에코라이프 시대는 미개발지 부동산이 블루칩을 넘어 '수퍼갑'이 된다. 그런 의미에서 서울 수도권 주민 입장에서 보면 접경 지역 부동산이 이에 해당한다. 대부분 군사보호시설이나 보호구역으로 묶여 있지만 미래는 의외로 빨리 올 수 있다. 더구나 군사시설보호구역 해제 등 호재가 있으면 예상보다 높은 수익을 얻을 수 있다. 부동산(특히 땅)에 장기 투자하는 부자들이 파주와 연천, 포천, 철원 등의 부동산에 관심을 두는 이유다.

수도권 주민들의 에코라이프는 이제 강원 원주와 충북 음성, 충남 당진, 아산 등으로 확장되고 있다. 이들 지역은 불과 몇 년 안에 사실상 수도권이 될 것이다. 서울 강남 양재역이나 강동구, 영등포구 양천구 등에서 한 시간이나 한 시간 반이면 닿을 수 있기 때문이다.

2018년 현재 원주와 음성, 아산은 이런 이유로 도로변 부동산은 물류 시설 등이 대거 들어서면서 예상보다 높은 가격에 거래되고 있다. 특히 원주는 제2영동고속도로, 경강선 등이 이미 부동산 시장을 흔들었다. 경강선은 판교·여주와 원주, 강릉을 잇는 철도다. 인천공항·서울~판교·원주·강릉으로 이어진다.

2017년 6월 개통한 제2영동고속도로 개통도 호재다. 원주는 강남권까지 50분대면 도달한다. 원주는 문재인 대통령이 후보 시절 원주 부론산업단지를 디지털 헬스케어 국가산업단지로 지정해 발전시키겠다는 공약도 제시했다. 이외에도 의료특화도시인 원주기업도시와 건강보험공단, 한국복지의료공단 등의 의료기관에 원주혁신도시까지 들어서 있다.

음성은 수도권에서 예상보다 가깝다. 다만 서울 시민들이 멀다고 느낄 뿐이다. 강남까지 한 시간이면 닿을 수 있는 지리적 이점이 있으나 아직도 의외로 저평가된 곳이 많다. 앞으로 텃밭이 있는 도시형 농촌주택(러시아의 다차 등을 모델로 한 전원주택 혹은 작은 별장)이 대거 들어설 가능성이 높다. 음성은 사통팔달의 교통망으로 물류 시설이 들어서기에 안성맞춤인 곳이 많다.

오피스+홈 시대 진입,
선행 투자 필요

주거 트렌드 변화에 맞춰 우리나라도 오피스홈office home 시대가 열리고 있다. 최근 서울 등에도 오피스홈이 등장, 월세 부동산 시장의 새로운 트렌드로 자리 잡고 있다.

오피스홈은 기존의 홈오피스home office의 반대 개념이다. 홈오피스가 집 안에 오피스를 꾸민 것이라면 오피스홈은 업무 특성상 밤샘 근무나 2~3일 집중 업무를 보는 시간이 많아 사무 환경을 집처럼 꾸민 공간이다. 앞으로 몇 년 안에 오피스와 홈 구분이 사라지는 시대가 올 것이다. 단순 재택근무가 아니라 사무실과 홈의 구분이 사라지는 시대가 오는 것이다.

'1인 가구'에 이어 '1인 기업'이 늘어나는 것도 오피스홈 시대를 앞당길 것으로 보인다. 1인 기업이란 단체가 아닌 개인이 홀로 창업해 경영하는 것으로, 광고업·출판업·요식업·의류업 등으로 확산되고 있다. 특히 서울의 경우 정보통신기술 분야와 방송 산업 종사자가 많은 양천구 목동, 상암동, 여의도, 일산 등을 중심으로 오피스홈이 늘고 있다.

앞으로 오피스홈은 기존 아파트형 공장 및 벤처 빌딩에 적용되었던 근무자 공동 편의 시설인 샤워실, 세면장, 세탁실 등이 접목되면서 오피스텔보다 더 편리한 업무 시설로 수요가 늘어날 것이다.

03
콤팩트 하우스가
주거 중심인 시대가 온다

집을 최적화한 주택이 바로 콤팩트 하우스다. 외국에서는 벌써 이런 움직임이 현실화된 상태다. 미국 등에서 젊은 층에게 인기를 얻고 있는 신발깅 콘도shoebox condo라고 부르는 초소형 아파트가 그것이다. 신발장 콘도는 작은 거실을 2개 정도 합한 정도의 면적이지만 젊은 층에게 인기가 많다. 집값이 매우 비싼 밴쿠버나 토론토 등지에서 집을 구하지 못하는 젊은 층에게는 저렴한 대안주택으로 활용되고 있다. 이런 신발장 콘도는 소액 투자자들에게도 인기가 있다고 한다. 싸게 분양받아 젊은 세입자들에게 임대를 주면 금리보다 높은 소득을 올릴 수 있기 때문이다.

국내에서도 콤팩트 하우스가 주목을 끌고 있다. 3.3m²당 건축비

300만~400만 원대로 지을 수 있으며 주거는 물론이고 임대도 가능하다. 경기 광주, 용인, 파주 시내 등 서울 출퇴근이 가능한 지역의 콤팩트 하우스는 3.3m²당 1,500만~2,000만 원 선에 분양되고 있다. 이들 콤팩트 하우스는 모든 것을 다 갖추고 있어 몸만 입주하면 되는 오피스텔 스타일이다.

더 나아가 도심 콤팩트 디지털시티(초미니 첨단 신도시)가 대안으로 떠오르고 있다. 낡은 구도심을 헐고 용적률을 최대한 활용한 초미니 도시를 짓는 것이다. 앞으로 도시 개발은 대규모 택지 개발을 통한 신도시 형태가 아닌 소규모로 이루어질 수밖에 없다.

이제 대도시 주변에 대형 택지는 없다. 따라서 도심을 활용하는 것이 도시 경쟁력을 좌우할 것이다. 소규모로 개발하는 도심 속 도시, 초미니 첨단 신도시 개발 여부를 주목해야 한다. 향후 미니 신도시는 발달한 정보통신기술을 활용하여 콤팩트 디지털시티로 개발할 수밖에 없기 때문이다.

콤팩트 디지털시티는 초미니 아파트, 주거와 오피스 겸용 오피스텔, 오피스의 주거화 등이 집약된다. 당연히 이에 따른 상가와 편의, 문화 시설도 미니멈으로 개발된다. 이는 동네 소비와 배달 소비를 늘게 해 소형 점포의 수익률도 높일 것이다.

신한카드가 2017년 자사 고객 1,000만 명의 최근 몇 년간 신용카드 사용 데이터를 분석해보니 '동네 소비'와 '배달 소비'가 크게 늘었다고 한다. 집이 베드타운이 아니라 삶의 공간으로 변하는 트렌드를 보여준 것이다.

소액 투자자 입장에서는 동네 미니 편의점·슈퍼마켓·마트 등 유통업의 전망이 밝다는 점을 알아야 한다. 주말 경제가 많은 것이 아니라 월요일(23%), 화요일(25%), 수요일(25%) 결제가 크게 늘어나는 것도 집 주변 소형 부동산의 매력을 배가시킨다. 미래에 콤팩트 도시가 뜨는 이유다. 부동산 투자자들은 이런 점을 감안해서 선점 투자를 하는 지혜를 발휘해야 할 때다.

04
테마 풀빌라와 미니 별장

한국엔 '노는 집 문화'가 없다. 이른바 대중적인 별장 문화가 없다. 하지만 다른 나라는 다양한 별장 문화를 갖고 있다. 러시아 다차datcha와 독일의 클라인 가르텐(작은 농원)Klein Garten, 일본의 야치요쵸八千代風 등이 그렇다.

사회주의 공화국인 러시아의 별장 문화는 특히 주목을 끈다. 경제학자를 비롯해 부동산 전문가들이 주목하는 다차는 러시아의 도시 외곽에 위치한 주말 농장 형태의 작은 통나무집이다. 다차는 텃밭 90평, 건물 9평이 기준이다. 러시아에는 3,200만 개가 넘는 다차가 있다. 인구가 1억 3,700만 명이니 4.28명당 1개인 셈이다.

독일의 주말 가족 농원인 클라인 가르텐은 전국 회원수가 1,200만 명에 동호회만도 1만 5,200개에 이른다. 10가구당 1가구가 주말 농장을 이용하고 있는 셈이다. 구획당 토지는 60~120평이고, 건물은 9평 미만이다. 개인 소유보다는 회원제로 임대하는 형태가 많다. 임대료는 1구획당 연간 45유로(약 59,000원)이며 협회비는 1구획당 연 60유로(약 78,000원)다. 보험료 전기·수도료 등을 합하면 350유로(45만 5,000원)다.

일본은 체제형 시민 농원인 야치요쵸를 소규모로 계획, 개발하고 연이어 브라이엔 오오야(만족감을 느끼는 농원), 브루엔 야마토(꽃을 사랑하는 농원) 등이 생겨났다. 1구획의 토지는 약 90평이고, 건물은 약 8평이다. 이용 요금은 연간 27만 6,000엔(약 280만 원)이다.

우리나라도 국민 농장을 보급할 때가 됐다. 텃밭이 달린 작은 집으로, 단독 풀빌라도 좋고, 미니 별장이나 촌정村庭(농촌에 있는 미니 정원)이라고 해도 좋다.

앞으로 국내도 테마 풀빌라 시대가 성큼 도래할 것이다. 풀빌라는 모든 휴게 시설이 갖춰진 집을 의미한다. 경기, 제주도, 강원 등에 다양한 수익형 고급 풀빌라가 속속 들어서고 있다.

서울에서 가까운 경기도 이천시 백사면 경사리 산26번지에 짓고 있는 파티앤타운도 풀빌라 형태로, 일종의 수익형 풀빌라다. 1만 8,774m² 면적에 개인 수영장 하나가 딸린 풀빌라만 여러 채가 모인 형태가 아니라, 운동장 공유형 전원주택, 부모님과 함께 살거나 임대를 줄 수 있는 캥거루주택 등 3가지 형태의 테마가 있는 주택이 있다고 한다.

이 풀빌라는 전원주택이나 캥거루주택에서 공동체를 이루며 살 수 있고, 놀러온 이들은 공동체를 구경하면서 개인만의 공간에서 즐길 수 있도록 설계됐다고 한다. 다양한 공동체 마을 스토리, 임대를 통한 수익 창출 등 새로운 형태도 있다고 한다.

수익형 전원주택은 오래된 미래다. 수십 년 전부터 공급됐고 지금도 많이 분양되고 있다. 앞으로 수익형 전원주택은 규모가 작아지면서 미니 별장이 될 가능성도 있다.

이들 풀빌라나 미니 별장은 농장 투어가 매력적인 요소다. 멀리 안 걸어도 되고 풍경도 즐기고 구경도 하고 쇼핑도 할 수 있다. 지금은 순전히 관광용으로 커피 농장 투어, 와이너리 방문, 바나나 농장 투어 등을 하고 있지만 머잖아 한국도 낯선 농장에서 느린 삶을 살아보는 농장 투어가 등장할 것이다. 미래는 농산어촌 시대다.

05
미세먼지가
그린존 하우스 앞당긴다

아파트가 갈수록 진화하면서 한국인의 삶의 공간은 대부분 닫혀 있다. 아파트와 아파트 단지에 갇혀 정작 풀을 밟고, 나무를 심고, 먹거리를 가꿔 먹는 녹색 지대가 없는 것이다.

주거 문화에서 '그린존Green Zone 하우스'는 앞으로 유행할 주거 공간 트렌드다. 간간히 그린존이 아파트와 오피스텔 공급 시장에 등장하는 것도 이런 이유 때문이다. 2018년 4월 피데스개발이 경기 안양시 평촌 범계역에서 분양한 '힐스테이트 범계역 모비우스'는 에어샤워 부스를 주동 입구에 설치한다고 발표했다. 외부 활동 후 입실 전에 외부에서 묻은 황사나 미세먼지를 털어낼 수 있는 에어샤워 부스를 건물 완공과 더불어 설치한다는 것이다. 피데스개발은 본보기집에서 이를 직접 체험해보도록 했다.

　그린존 하우스는 도시 농장, 그린 어메니티 시티, 팜 시티와 직결된다. 녹색 향토 자원 개발을 통한 농촌 혁신은 이미 다가온 상태다. 그린 어메니티 시티는 어쩌면 인류 주거 문화의 종착지일 가능성이 있다. 주거가 최종적으로 추구해야 할 그린존 하우스이자 마을이기 때문이다.

부록

초소형 부동산 투자에 성공한 사람들

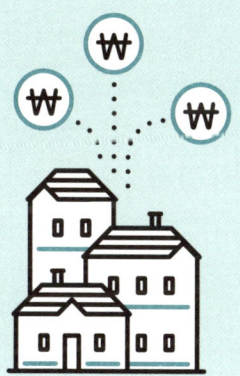

부록에서는 초소형 부동산 투자에 성공한 크고 작은 사례들을 살펴본다. 이들 사례의 주인공은 직장인과 주부, 공무원 등 우리가 주위에서 흔히 접할 수 있는 이웃들로 소형 아파트나 도심 오피스텔, 지식산업센터, 도시형 생활주택 등등 작은 부동산에 투자해 기대 이상의 성과를 거둔 사람들의 이야기다. 이들 사례를 통해 초소형 부동산 투자의 성공이 두둑한 자본이나 어느 날 하늘에서 뚝 떨어지는 운運에 달린 것이 아닌, 꾸준한 관심과 노력에 의한 것임을 보여주고자 한다.

2018년 5월 기준 재건축 추진단지(3만여 가구)를 제외한 서울 지역 소형 아파트(33~66m²)는 7만 8,300가구에 불과하다. 특히 이 중에서 49m²(약 15평) 이하는 2만 가구(빌라, 도시형 생활주택 등 제외)가 채 되지 않는다. 이에 따라 서울 도심과 대학가 초소형 아파트는 '없어서 임대를 못할 정도'로 품귀 현상을 빚고 있다. 초소형 아파트를 구하기가 힘들어지면서 2018년 5월 서울에서는 전용면적 24m²(7.2평) 아파트까지 나왔다.

도심 오피스텔도 수요는 많지만 공급은 적다. 도심에는 오피스는 넘쳐나지만 의외로 오피스텔이 적다. 대신 주차장이 사실상 없는 도시형 생활주택이 포화 상태다. 대학생 위주로 임대한다면 주차장이 없어도 되지만 회사원 중심의 임대라면 주차장은 필수다. 도심 오피스텔이 인기를 끄는 것은 바로 주차장을 확보하는 경우가 많기 때문이다.

지식산업센터도 초소형 투자에서 우선순위에 꼽히는 부동산 상품이다. 개인이 아닌 법인 대상 분양이지만 수익률과 시세차익을 예상보다 높게 누릴 수 있다는 장점을 지니고 있다.

자투리땅에 협소주택(7평~20평 미만의 작은 땅 위에 3~4층 규모로 지은 집)을 지어 재테크에 성공한 이들도 많다. 다만 서울 도심 자투리땅 투자는 2억 원 이상의 종잣돈과 비슷한 금액대의 대출이 있어야 제대로 된 투자를 할 수 있다. 이들 부동산 상품은 입지 조건이 맞는 상품만 고르면 수익률과 시세차익이 다른 상품보다 높다.

자신의 투자 목적과 운용 가능한 자금 등 상황에 맞추어 최적화한 투자에 임하는 것이 성공률을 높이는 비결이다.

역세권 초소형 아파트, 시세차익과 월세 수익이라는 두 마리 토끼

인천 부평구에 직장이 있는 회사원 김 모(49세) 씨는 경기 광명시에 소형 아파트를 보유한 1주택자다. 김씨는 2016년 6월 지인의 권유로 서울 구로구 개봉역 인근에 H사가 분양한 전용면적 44.40m²(분양 당시 18평형) 미계약분을 우여곡절 끝에 청약했다.

2개 동 149세대의 주상복합 건물이라 '찜찜한' 생각도 있었지만 종잣돈 1억여 원으로 투자할 곳이 마땅치 않았다. 여러 가지로 계산해본 김 씨는 대출이자를 내더라도 월 20만 원 이상의 순수익이 나올 것으로 보고 청약하기로 했다.

김 씨는 입주 때까지 중도금 무이자 조건 대출을 보장받고 2억 원대 초반에 분양받았다. 최근 완공한 이 아파트는 분양가보다 5,000만 원가량 상승했다. 김 씨는 보증금 1억 원에 월 40만 원에 임대로 내놓았다. 보증금을 받으면 대출금 1억 2,000만 원을 모두 갚을 생각이다.

김씨는 "나 홀로 아파트라 당시 청약을 망설였지만 역세권에 초기 투자비가 적게 들어간다는 장점에 주목했다"고 말했다. 김씨는 "아파트가 준공된 4월부터 내고 있는 중도금 대출이자가 3% 초반이어서 은근히 부담된다"며 "보증금을 받으면 중도금을 모두 갚고 고정적인 임대수입과 시세차익을 본 후 팔 계획"이라고 밝혔다.

대학 인근 소형 아파트, 시세차익은 적지만 짭짤한 월세

주부 최 모(52세) 씨는 2014년 서울 동자구 숭실대와 지하철역으로 두 정거장 떨어진 상도동 장승배기역 인근에 있는 빌라형 아파트를 1억 3,000만 원에 분양받았다. 종잣돈 1억 원에 3,000만 원은 대출을 받아 보탰다. 2016년 3월 준공된 이 아파트는 현재 1억 6,000만 원의 시세를 유지하고 있다. 최씨는 현재 보증금 1,000만 원에 월세 55만 원을 받고 있다.

이 빌라형 아파트는 시세차익 3,000만 원에 매월 월세 45만 원(관리비용 등 10만 원 제외)의 수익을 내고 있다. 종잣돈 이자 등을 감안하더라도 월 20만 원가량의 수익을 얻고 있는 셈이다. 주변에 지하철 7호선 장승배기역이 있어 강남권 출퇴근 회사원과 대학생 세입자 수요가 많아 공실 걱정이 없는 편이다.

최씨는 "목돈이 없어서 빌라형 소형 아파트에 투자했는데 생각만큼 시세는 오르지 않았다"면서도 "대학교 인근에 있는데 역세권이라 공실 기간이 거의 없어 월세는 꾸준하기 때문에 수익률은 낮지 않은 편"이라고 말했다.

잠실의 도심 오피스텔, 분양가 높지만 만족할 만한 수익률

2017년 초 서울 송파구 잠실에서 분양한 한 오피스텔에 당첨된 이 모 씨는 최근 분양권을 프리미엄 5,000만 원을 받고 팔았다. 이 씨는 계약금 2,000만 원에 중도금 대출을 받아 2억 원이 들어갔지만 실투자비와 제반 경비 및 금융이자 2,000만여 원을 공제하고 3,000만 원의 수익을 얻었다.

이씨는 "해당 건물 하청 업체를 운영하는 선배의 권유로 미계약분에 투자했는데 적은 돈을 투자해 단기간에 낸 수익으로는 나쁘지 않은 편"이라고 설명했다.

2015년 서울 마포구에서 분양한 P오피스텔에 2017년 4월 입주한 권 모(44) 씨는 12월부터 임대로 전환했다. 총 2억 2,000만 원(대출

1억 5,000만 원)을 들여 분양받았던 터라 금융이자가 만만치 않았기 때문이다. 이 오피스텔은 2018년 5월 기준 보증금 2,000만 원에 월세 60만 원을 받고 있다.

금융이자로 매월 20여 만 원을 갚고 나면 관리비 10여만 원을 공제하고 30여만 원의 수익이 난다. 이 오피스텔은 시세만 분양가에서 5,000만 원가량 오른 상태다.

성수동 지식산업센터, 남들이 잘 모르는 투자로 함박웃음

2016년 12월 서울 성동구 성수동 지식산업센터 서울숲엠타워 잔여분을 계약한 배 모 씨는 요즘 은근히 미소를 짓고 있다.

당시 급매도자에게 계약금 10%와 금융비용(중도금 40% 무이자 대출)만 주고 65.09m²(전용면적 33.29m²)대를 승계, 계약했는데 어느새 완공돼 2018년 초부터 임대료 수익을 올리고 있기 때문이다.

이 지식산업센터는 당시 분양가도 3.3m²당 950만 원대로 주변 시세 1,000만 원보다 낮았다. 특히 믿을 만한 건설사(포스코엔지니어링)의 고품격 설계에다 신분당선 서울숲역과 지하철 2호선 뚝섬역 사이에 위치, 수요가 풍부해 공실 걱정이 없을 것으로 판단했다.

배 씨는 총 공급 가격 2억 5,000만여 원 중 계약금 10%를 낸 후 중도금 40%는 무이자로 대출을 받았다. 잔금 1억 3,000여만 원만 투자한 것이다. 분양금액의 4.6%인 취득세는 50% 감면받았고, 재산세도 37.5% 감면 혜택을 받았다.

배 씨는 "평범한 회사원이어서 지식산업센터 투자는 아예 생각지도 않았는데 마침 전업주부로 있는 아내가 공인중개사에 합격한 것을 기회로 중개 및 연구법인 등록을 한 후 투자했다"며 "시세 상승 등을 감안해볼 때 수도권에 있는 다른 수익형 부동산에 투자한 것보다 수익률이 높은 것 같다"고 말했다.

도시형 생활주택,
관리는 어렵지만 높은 수익에 행복

서울 송파구에 사는 최 모(52, 공무원) 씨는 지난 2016년 지방 발령을 받자 살던 집을 과감하게 팔았다. 최 씨는 집 판 돈 13억 원 중에서 10억 원과 대출 3억 원을 받아 그해 6월 동작구 사당동에 지은 지 3년 된 다가구주택을 매입했다. 11개의 미니 주방이 딸린 룸(방)이 있는 이 주택은 보증금 총 3억 원에 600만 원(방 1개당 60만 원)의 월세를 받고 있었다.

최 씨는 우선 보증금을 받아 대출금 3억 원을 정리했다. 또 초기에는 주말에 올라와 직접 관리했으나 여가 시간을 희생하는 부담 때문에 관리비(하자 보수 포함) 월 100만 원을 주고 위탁했다. 그동안 건물 가격이 1억 원 이상 올랐다. 관리비 등을 감안하더라도 300만 원 내외의 수익을 내고 있는 것이다.

　최씨는 "당시 고향인 전북으로 발령이 나서 가족 전체가 이주를 결심하고 서울 집을 팔았다"며 "전주에 소형 주택을 3억 5,000만 원에 매입하고 남은 돈으로 투자처를 고민하다가 다가구주택을 매입했다"고 말했다.

06
경매로 투자한 소형 아파트,
5년 만에 2배 올라

2012년 결혼해 분당 신도시에서 전세로 살던 주부 윤 씨(35)는 내 집 마련을 위해 재테크에 관심을 갖기 시작했다. 여윳돈이 많지 않던 김 씨는 경매로 취득할 수 있는 소형 물건으로 눈을 돌렸다. 그러던 차에 2013년 4월 서울 강서구 가양동에 위치한 강변 아파트 34.44m^2가 눈에 들어왔다. 당시 감정 평가액은 1억 7,000만 원, 최초 입찰가는 1억 3,600만 원이었다. 윤 씨는 입찰을 통해 1억 5,110만 원에 낙찰받고, 이후 보증금 4,000만 원에 월 45만 원에 임대를 놓았다.

경매 낙찰을 통해 자신감이 붙은 윤 씨는 내친 김에 두 번째 경매 투자에 나섰다. 첫 낙찰 이후 한 달이 조금 지난 시점이었다. 이번엔 투자가 아닌 실거주 목적이었다. 물건은 같은 분당 신도시의 구미동

무지개마을 대림 아파트 47.5m². 아직 아이가 어려 신혼부부가 충분히 살 수 있는 크기였다. 윤 씨는 감정가 2억 5,000만 원(최초 입찰가 2억 원)에 나온 이 물건도 2억 577만 원에 낙찰받는데 성공했다. 그러나 명도에 시간이 걸렸고 원래 살던 집의 전세 계약 기간이 맞지 않아 낙찰받은 아파트도 보증금 1억 5,000만 원, 월세 40만 원에 세를 놓았다.

윤 씨의 투자는 현재 어떤 결과를 낳았을까? 강변 아파트는 현재 낙찰가의 2배 수준인 3억 1,000만 원 선에 시세가 형성돼 있다. 전세 가격만도 당시 낙찰 가격을 넘는 1억 6,000만 원 수준이다. 대림 아파트 시세 역시 낙찰가보다 1억 5,000만 원가량 더 오른 3억 5,000만 원(전세 2억 5,000만 원)에 형성돼 있다. 약 3억 6,000만 원을 들인 두 건의 경매 투자를 통해 시세차익만 3억 원가량을 얻은 셈이다.

윤 씨는 "작은 부동산일수록 투자금은 적고 수익률은 높아 매력적인 것 같다"며 "시세차익을 올린 것도 좋지만 매달 100만 원 가까이 월세가 들어와 가계에 큰 도움이 되고 있다"고 말했다.

07
오피스텔 투자로
연 수익률 10% 올려

회사원 박 씨(41)도 경매를 통해 짭짤한 수익을 올린 사례다. 빠듯한 월급의 한계를 절감한 박 씨는 수익형 부동산에 매력을 느꼈다. 여윳돈이 많지 않았던 그는 초소형 물건 위주로 투자 대상을 물색하기 시작했다.

수시로 경매 물건을 체크하던 그는 2014년 5월 입찰이 예정돼 있던 서울 노원구 공릉동 L오피스텔(35.5m²)을 공략 대상으로 삼았다. 지하철 6호선과 7호선 환승역인 태릉입구역에서 100m도 떨어지지 않은 초역세권 물건이라 임대 수요가 탄탄한 물건이었다. 감정 평가액이 1억 3,000만 원으로 비교적 소액 투자인 점도 맘에 들었다.

10여 명의 경쟁 입찰 끝에 박 씨는 1억 2,123만 원에 낙찰받는

공릉동 L 오피스텔 투자 수익률 분석

구분		금액(천 원)	내역	비고
초기 투입 비용 (①)	매입가	121,230.2		
	취득세	5,576.6	매입가의 4.6%(농특세 포함)	
	기타 제세금	606.2	매입가의 0.5%(법무비용, 채권매입비 등)	
	컨설팅 수수료	1,560.0	최저수수료 적용	
	인수 금액	–	체납 관리비(2,660만 원) +3개월 추가분(월 150만 원)	–
	명도/개보수비용	500.0	이주 협의비 또는 강제집행비용	–
	소 계	129,473		
매출액 (②)	연 임대수익	7,200		
	연 관리비수익	–		
	연 주차수익	–		
	소 계	7,200		
지출액 (③)	연 관리비용	–	연관리비 수익의 85%	
	공실 손실비	–	연 임대수익×5%	–
	금융비용	2,546	담보대출금×연 3.5%	1년
	소 계	2,546		
연간수익(④)		4,654		
회수 비용 (⑤)	임대보증금	10,000		
	담보대출금	72,738	매입가의 60%	
	소 계	82,738		
실투자액(⑥)		46,735	초기투입비용–회수비용	①–⑤
임대수익률		10.0%	(연간 수익/실투자액)×100	(④/⑥)×100

자료: NPL · 경매전문기업 이웰에셋(www.e-wellasset.co.kr)

데 성공했다. 박 씨의 실투자금액은 대출과 보증금을 제외하고 약 4,700만 원 수준. 투자금액이 넉넉지 않았던 그는 낙찰가의 60%(약 7,300만 원)를 대출받았다. 이후 보증금 1,000만 원, 월세 60만 원에 임차인을 들였다.

이 오피스텔은 현재 시세는 1억 3,800만 원으로 낙찰가보다는 조금 높지만 경매가 진행될 때의 감정가와 큰 차이는 없다. 오피스텔의 특성상 시세가 꾸준히 오르는 아파트와는 다르기 때문이다.

그럼에도 박 씨는 각종 세금과 부대비용을 제외하고도 연간 10%의 임대 수익률을 올리고 있다. 박 씨는 "월급 외에 고정적인 임대수익을 올리고 있어 훨씬 안정적인 생활이 가능해졌다"며 "경제적 자유를 실현하기 위해 계속 수익형 부동산 투자에 나설 것"이라고 강조했다.

급매로 잡은 다세대주택,
개발 호재로 1년 만에 1억 껑충

　은퇴한 장 씨(61)는 2016년 5월경 서울 송파구 잠실 석촌 호수로 산책을 나갔다가 마침 근처의 부동산 중개업소에 들렀다. 이웃 주민인 중개업소 사장은 송파동의 다세대 반지하층 50.8m² 주택이 2억 8,000만 원의 급매로 나와 있다고 귀띔했다.

　이 다세대주택은 반지하층 2세대, 1층과 2층이 각각 1세대 등 총 4세대로 구성된 구舊빌라로 장 씨가 평소 눈여겨보던 물건이었다. 대지 면적이 넓고 소유주가 적어 향후 개발 가능성이 높았기 때문이다. 그 자리에서 매수 의사를 밝힌 장 씨는 한 달 뒤 잔금을 치르고 소유권을 넘겨받았다. 장 씨는 "석촌 호수가 가까워 거주 환경이 좋은 곳이어서 개발 후 실제 거주할 목적으로 매입했다"고 전했다.

은퇴 후 매달 일정 수입이 필요한 장 씨는 보증금 1,500만 원, 월 60만 원의 조건으로 임차인을 구했다. 장 씨가 구입하고 서너 달이 지나 실제로 도시형 생활주택을 지으려는 한 개발 업체로부터 3억 5,000만 원에 되팔라는 제의를 받기도 했다. 최근 1~2년간 부동산 가격이 치솟으면서 이 주택은 현재 3억 7,000만~4억 원 선에 시세가 형성되고 있다. 장 씨를 비롯해 빌라 소유주들은 현재 여러 개발 업체와 재건축 방법을 논의하고 있다.

임대 수요 풍부한 성수동 오피스텔, 공실 위험 거의 없어

 서울 서초동에 사는 주부 오 씨(57)는 자녀를 모두 대학에 보낸 뒤 본격적인 전업 투자자로 나섰다. 오 씨는 2016년 서울 성동구 성수동의 R오피스텔에 투자했다. 전용면적 18.33m²의 초소형 오피스텔로, 입주한 지 3년이 채 안 되는 신축 물건이었다. 출퇴근 인원이 많은 성수동2가 준공업지구 안에 위치하고 있고 지하철 2호선 성수역을 걸어서 이용할 수 있는 역세권이어서 임차 수요는 풍부했다. 이마트와 한양대, 건국대 등과도 가까워 학생 임차 수요도 기대할 수 있는 물건이었다.

 오 씨는 대출 없이 1억 3,500만 원에 이 오피스텔을 매입했다. 매입 후 보증금 3,000만 원에 월 45만 원의 수입을 유지하고 있다. 임대 수익률은 연 7.2%에 이른다.

오 씨는 "강남과 강북 도심의 접근성이 좋은 지역이어서 공실 위험이 낮다고 판단해 투자했다"며 "대출을 끼지 않은 투자라 금리가 올라도 수익률에 영향을 미치지 않을 것"이라고 자신했다.

에필로그

초소형 부동산에
'안부락도安富樂道'의 길이 있다

21세기에 들어서면서 공간 혁신에 가속도가 붙고 있다. 건설 기술과 설계, 정보통신기술ICT, 교통이 발달하면서 공간 활용이 이전과 다른 차원에서 이뤄지고 있다. 이 때문에 도심 부동산은 집적과 효율화 등으로 공간 혁명이 일어나면서 가치가 급상승하고 있다. 더 첨단화, 더 고도화되면서 나타난 현상이다. 도심의 노후된 주거시설과 자투리땅 등이 각광받으며, 투자 1순위로 떠오르고 있다.

ICT 발달과 IoT, 산업 융·복합으로 변두리 공간과 농촌 부동산도 새롭게 해석되고 있다. 이미 진전된 도시화된 외곽과 농촌이 자연스럽게 연결되고, ICT 발달과 산업 융·복합은 굳이 사통팔달의 교통망 없이도 거의 모든 토지를 충분히 활용 가치가 있는 곳으로 변화시키고 있다. 앞으로 도시와 농촌 공간에 대한 새로운 해석과 사용은 부동산 시장에 새로운 가치를 창출할 것이다.

최고의 부가가치를 창출하는 4차 산업과 부동산 시장의 접목 속도도 빨라지고 있다. 4차 산업혁명이 산업 입지와 도시 공간을 전면 재편시키면서 도심과 교외 모두가 일자리와 주거의 중심축으로 변하고 있는 것이다. 이런 변화는 재테크 시장에서 초소형 부동산의 중요성을 더욱 부각시키고 있다.

이제 투자의 '대세'로 자리 잡은 초소형 부동산에서 일반인들도 재테크의 답을 구해야 한다. 앞으로 초소형 부동산 투자는 도심과 변두리 땅, 농지 등이 좌우할 가능성이 크다. 초소형 부동산을 활용한 재테크를 누가 더 잘하느냐에 따라 '삶의 질'이 달라질 것이다.

척박한 환경에서 태어난 개천 출신 모두가 '개천의 용龍'이 될 수는 없다. 부의 대물림 없이 자수성가하기는 힘들기 때문이다. 현재와 미래의 더 나은 삶, 다시 말해 '안부락도安富樂道'(부자로 편안하게 살면서 도를 즐기는 것)는 노력하지 않는 자에게 주어지지 않는다. 스스로 부자로 가는 길을 찾아 실천해야 한다. 그리고 초소형 부동산에 그 길이 있다.

미주

1. 영국 디자인 전문 매체 '디진(Dezeen)' 홈페이지.
2. Are tiny houses and micro-apartments the future of urban homes?, Guardian, 2014. 8. 25.
3. 중앙일보, '규제에도 끄떡없는 작은 아파트…27㎡ '강남 쪽방'이 7억', 2017. 7. 6.
4. HMS부동산랩, 『2020 부동산 메가트렌드』, 2018. 3.
5. 하승주, 『대한민국 부동산 7가지 질문』, 2017. 7.
6. 한국경제신문, '건물주가 달가워하지 않는 은행·웨딩홀·산부인과', 2017. 5. 3.1
7. 전영수, 『한국이 소멸한다』, 비즈니스북스, 2018. 2. 10.
8. 듀오웨드, '2017 결혼비용 실태보고서', 2017. 2.
9. 박영숙·숀 함슨, 『주거혁명 2030』, 2017. 11.
10. 이준영, 『1코노미』, 2017. 9.
11. 국토해양부, 도시형생활주택 제도시행 설명 자료, p.1, 2009. 4. 30.
12. 문소희·이현정, 「2014년도 주거 실태 조사에 나타난 청년 1인 임차가구의 가족 지원 및 주거비 부담에 따른 주거 실태 및 주거 기대」, 『한국주거학회논문집』, 2017. 6.
13. LG경제연구원, '1인 가구 증가 소비지형도 바꾼다', 2014. 1.
14. 국토교통부, 2014~2016년 일반 가구 주거 실태 조사.
15. 주택산업연구원, '미래 주거트렌드 2025', 2016. 5
16. 서울연구데이터서비스, 2010.
17. 진미윤, 『중장기(2013~2030) 주택수요 전망 연구』, 토지주택연구원, 2013.
18. 공감신문, '수도권 경제력 집중, 상장사 72.3% 몰려 있어', 2017. 5. 19.
19. 에드워드 글레이저, 『도시의 승리』, 2011. 6.
20. 정재영, 'LGERI 리포트-글로벌 메가시티의 미래 지형도', 2010. 10.
21. EuroStat, 2014; Euromonitor international, 2014.
22. 홍콩 사우스 차이나 모닝포스트(SCMP), 'How small can Hong Kong's apartments get? This builder is aiming for a record at 123 sq ft', 2018. 4. 19.
23. 한경비즈니스 1067호, '40㎡ 콤팩트 소형 맨션', 2016. 5. 11.
24. 서울도시연구 제15권, '서울시 1인 가구의 공간적 밀집 지역과 요인 분석', 2014. 6.
25. 이재수, 『서울시 2인 가구의 주거 실태와 공간적 입지 특성 연구』, 한국주거학회 논문집, 2013
26. 한국경제신문, 『2018 대한민국 트렌드』, 2017.
27. KR금융지주 경영연구소, '2017 한국 1인 가구 보고서', 2017. 2.
28. 한지희·정소이·김흥주, 「청·장년층 1인 가구의 주거수요에 따른 주택 개발 방향 연구」, 『한국주거학회 논문집』, 2016. 7.
29. '청년빈곤 해소를 위한 맞춤형 주거 지원 정책 방안', 한국보건사회연구원, 2017.
30. 한국경제신문, 『2018 대한민국 트렌드』, 2017.
31. '인구와 가계 통계로 본 1인 가구의 특징과 시사점', 삼성경제연구소 SERI 경제 포커스(제422호), 2013. 7.
32. 싱글족(1인 가구)의 경제적 특성과 시사점, 현대경제연구원 경제주평(통권 654호), 2015. 8.
33. 정유진, 「1~2인 가구 증가에 따른 미래 주거환경의 변화」, LG경제연구원 위클리 포커스, 2010. 11.
34. 이희연·노승철·최은영, 「1인 가구의 인구경제사회학적 특성에 따른 성장 패턴과 공간분포」, 대한지리학회지 제46권 제4호, 2011.
35. 김옥연·문영기, '1인 가구 주거 실태 분석', 한국주거환경학회지 제7권 2호, 2009. 11.

36 변미리, '서울특별시 1인 가구 대책 정책 연구', 2015. 2.
37 정소이, '시론—1인 가구 시대의 주택 정책 방향', 건설경제, 2017. 3. 30.
38 서울연구원, 『세계도시동향』 제341호.
39 변미리, '서울특별시 1인 가구 대책 정책 연구', 2015. 2.
40 권혁삼·권치홍·김옥연·정소이·최은희·박미규, 「인구 사회구조 변화에 따른 1인 가구 증가와 주택 정책 방향」, 『도시정보』, 대한국토·도시계획학회, 2014. 4.
41 서정렬·정수연·진미윤·이상영, 「문재인 정부의 주거 및 주택 정책에 바란다」, 『도시정보』, 대한국토·도시계획학회, 2017. 6.
42 경향신문, '행복주택, 하반기 2만호⋯ 청년들 소득활동 관계없이 청약 가능', 2018. 4. 30.
43 조선일보, '증권사·통신사까지 "오피스텔 짓자"', 2017. 3. 3.
44 한국경제신문, '중대형 → 중소형으로 쪼개 일반분양 늘려⋯ 강남 '마이너스 재건축' 바람', A31면, 2017. 11. 9.
45 한국경제신문, '고양시 아파트 20만여 가구 리모델링 "본격 스타트"', A22면, 2018. 5. 1.
46 김결, 『셰어하우스 시대가 온다』, 트러스트북스, 62P, 2017. 10.
47 한국경제신문, '1인 창업 '신종 오피스' 불티난다', '신종 오피스 전성시대⋯ 키워드는 (1) 미니 (2) 공유 (3) 고객 맞춤', A1·3면, 2017. 11. 4.
48 한국경제신문, '1년 새 빵빵해진 식빵 전문점⋯ 알고 보니 "나 홀로 창업"', A2면, 2018. 4. 25.
49 한국경제신문, '판에 박힌 값 비싼 아파트 NO⋯ 개성 가득 협소주택에 살어리랏다', 2018. 4. 4.
50 김재영·이종국, 「모듈러 건축의 현황과 활용에 관한 기초 연구」, 『한국주거학회 논문집』 제25권 제4호, 2014. 8.
51 강순주·김진영·함선익·권윤지, 「1~2인 가구의 라이프스타일과 소형 주택 요구도에 관한 연구」, 『한국주거학회 논문집』 제22권 제2호, 2011. 4.
52 정유진, '1~2인 가구 증가에 따른 미래 주거환경의 변화', LG경제연구원《Weekly 포커스》, 2010. 11.
53 『2020 미래 부동산 트렌드』, 327P.
54 한국경제신문, '1인 창업 '신종 오피스' 불티난다', '신종 오피스 전성시대⋯ 키워드는 (1) 미니 (2) 공유 (3) 고객 맞춤', A1·3면, 2017. 11. 4.
55 한국경제신문, '주거 공유→관계 지향⋯ "셰어하우스의 진화"', B7면, 2017. 5. 12.

**부자들은 지금
초소형 부동산을
산다**

1판 1쇄 발행 | 2018년 6월 15일
1판 2쇄 발행 | 2018년 7월 20일

지은이 김순환, 이정선
펴낸이 김기옥

경제경영팀장 모민원 기획 편집 변호이, 김광현
커뮤니케이션 플래너 박진모
경영지원 고광현, 임민진
제작 김형식

디자인 제이알컴
인쇄·제본 민언프린텍

펴낸곳 한스미디어(한즈미디어(주))
주소 121-839 서울특별시 마포구 양화로 11길 13(서교동, 강원빌딩 5층)
전화 02-707-0337 | 팩스 02-707-0198 | 홈페이지 www.hansmedia.com
출판신고번호 제 313-2003-227호 | 신고일자 2003년 6월 25일

ISBN 979-11-6007-264-8   13320

책값은 뒤표지에 있습니다.
이 책은 저작권법에 따라 보호받는 저작물이므로 무단 전재와 무단 복제를 금합니다.
잘못 만들어진 책은 구입하신 서점에서 교환해 드립니다.